思想觀念的帶動者

文化現象的觀察者

本土經驗的整理者

生命故事的關懷者

{ PsychoAlchemy }

啟程，踏上屬於自己的英雄之旅
外在風景的迷離，內在視野的印記
回眸之間，哲學與心理學迎面碰撞
一次自我與心靈的深層交鋒

From the Life and Work of C. G. Jung

榮格的最後歲月

心靈煉金之旅

安妮拉・亞菲 Aniela Jaffé——著

王一梁、李　毓——譯

榮格的最後歲月
心靈煉金之旅
From the Life and Work of C. G. Jung

目次

｜推薦序｜

貼近榮格的神祕與日常

呂旭亞／榮格分析師

這不是一本入門書，亞菲這本文集的目標讀者，應該是寫給那些喜愛榮格並且已經有榮格心理學基礎知識的人。這本書由五篇論文組成，每一篇都觸及一個分析心理學與榮格個人的重要面向，其中幾章值得精讀、細讀，我能做的就是分享自己閱讀的一些心動筆記。

這本書的內容讓我憶起英國榮格分析師山繆斯（Andrew Samuels）曾論及的分析心理學的陰影。在一次演講中，他提到他對英國大學生所做的一份調查，詢問受試者對榮格的印像。前三名最常被提到的印象有兩個與本書有關，一是榮格是一個神祕主義者，另外他是個納粹支持者。這兩個身分是榮格生前極力想擺脫的汙名，居然在他死後半個世紀仍深植英國大學生的腦海。現在，我們看到亞菲努力用她的書寫捍衛榮格，這本書裡收錄了這兩個榮格最關切也最不願被誤解的主題。

榮格心理學所涵括的領域與榮格對心靈的認識探索歷程有關。榮格一直被神祕世界所吸引，也經驗過不計其數的神祕事件，這似乎可以追溯至他母系家族的遺傳。榮格的外祖母、母親都有通靈體質，似乎連他也有，所以他對靈魂與神祕世界特別有感知。他雖被吸引，但不願被吞噬，堅持要拿著一盞意識之光，用科學的方式走進去照亮，他要為大家熟知的情況找到新的解釋。亞菲在書裡一開始就點出重點：

> 榮格科學方法的獨特性在於：他不斷地回到作品的基本問題，從各種角度檢驗它們，重新思考老問題，並給出新的不同答案……榮格不喜歡研究那些四平八穩、不能給人新發現的問題，而喜歡把注意力轉向那些冷僻不尋常的問題。（前言）

榮格對神祕事物的好奇與興趣從他的博士論文就可以看出來。他研究招魂術，寫的是表妹在家裡做招魂聚會的觀察研究，他在論文中提出了「自主情結」的概念，將招魂者所說出的靈魂語言視為次人格的現形，也就是招魂者心靈的無意識補償。將神祕經驗賦予心理學化的解釋是榮格早年所採用的科學態度，但榮格晚年已對這個看法有了修正，他肯定神祕經驗與靈魂的存在性，更試圖建立這些事件在意識發生學上的位置。他認為這些事件是人類集體無意識裡冒出的原型現象，他讓神祕現象成為心理學裡可理性討論的主題。對榮格分析而言，個案帶來的第一個夢須特別看重，因為它通常會指出分析的重要方向與主題。我認為榮格的招魂者研究，作為他的第一篇學術論文，就像初始夢一般，告訴我們他的心之所向。雖然在此之後他曾遠離這些神祕現象的研究，可是他的無意識已經指向他要糾纏一生的學術方向了。

這個糾纏的實踐在本書的第一與第二章有精采且深入淺出的介紹。亞菲從榮格的生命史、學術發展脈絡和理論內容多線穿插闡述，討論榮格在心理學領域裡最重要的貢獻。將這兩章合讀，可以用近乎懶人包的方式掌握榮格最重要也最難懂的概念：共時性、類心靈與煉金術。亞菲非常細緻地描寫了榮格所建立的共時性原則，以及心物一元的類心靈的概念，並把《易經》、占星和召神等神祕體驗與人類無意識的系統結合起來。共時性假設了一個先驗、意義自足、無法以科學驗證、本質上不可知的自主秩序，也就是榮格認為的集體無意識。與這個原型無意識世界的接觸，讓人產生神聖性、意義感。亞菲說的極好：「這種客觀的、超驗的意義卻讓我們得以窺見聖靈。」從榮格的觀點，占星學對人產生的價值也屬於這個範疇，她引用了我認為榮格對占星學寫下最美、最詩意，又最明晰的描述：

最早的時候，我們是從星星上第一次領悟到我們的身體，尤其是心理的。換言之，最遠的實際上就是最近的。正如諾斯替教猜想的那樣，我們是莫名其妙地從宇宙之外「收集」到我們自己的。

相較於榮格本人文字的迂迴纏繞，亞菲的文字易懂且條理清晰，使難以理解的榮格理論變得容易親近。亞菲是榮格晚年的英文秘書，在分析心理學圈子為人所知的身分，是榮格自傳的撰寫者。《榮格自傳：回憶、夢、省思》除了前三章由榮格自己執筆，其他部分均由亞菲創作，但亞菲並不是榮格自傳的影子寫手，而是所有資料的編輯與裁決者。榮格必然是對她極其信任，讓她使用、摘錄許多當時尚未出版的文件和手稿。我們從自傳裡認識的榮格，有很大的部分是亞菲替我們裁剪出來，而成為類似官方的觀點的，她確定了我們對榮格這個人的認識。

而這本書的第四章，〈榮格的最後歲月〉，讓我們更清晰地看到亞菲與榮格一起工作的生活樣貌，可視為榮格自傳的補遺，讓讀者可以一窺榮格的日常點滴。榮格認為他生命中最值得被書寫的不是他巨大的成就，而是他無意識的冒現和嘗試解開無意識謎團的努力，但對榮格的後學們，傳奇大師生活的細節難免令人好奇，本書的第四章留下了大師的日常身影紀錄。

我記得一次與負責亞洲分析心理學發展工作的分析師坎伯瑞（Joe Cambray）談話， 討論到榮格分析的現況與問題，他說：「蘇黎世古典學派的最大問題就是他們太愛榮格了。」當時我止不住大笑，他銳利的點出鍾情榮格這個現象可能產生的問題，可是對於從瑞士受訓的我來說，對這個現象有著全然不同的經驗。我的分析師在我結束訓練返台前表示放心，他說：「我知道你夠愛榮格，」意指我大概不會走錯路，他可以安心放我下山。

這本書的作者亞菲當然是愛榮格的楷模，她的文字裡處處流露了對榮格這一位分析師、老闆、理論創造者的深情。而本書二位譯者，王一梁和李毓，也有著對榮格和亞菲同樣的狂熱鍾情，我在他們翻譯期間，幾乎每天都在網路群組裡讀一梁張貼出來的晨讀與書寫，他對有疑問的句子字字推敲，常把一個句子翻譯成兩、三種版本，反覆琢磨。他們對榮格、亞菲巨大的情感和使命，使翻譯充滿了情感的動力，有這樣的中譯本是中文榮格讀者的幸福。

前言

榮格科學方法的獨特性在於：他不斷地回到作品的基本問題，從各種角度檢驗它們，重新思考老問題，並給出新的不同答案。這使得閱讀他的作品成為一種令人興奮的體驗，但同時，這也使得要徹底理解一個問題變得複雜起來。所以，為了澄清關於他各種各樣的主題，自然會不斷有人詢問他的合作者和學生。

1965 年，愛丁堡大學的斯邁西絲（J. R. Smythies）教授請我為哲學與科學方法國際圖書館的《科學與 ESP 論文集》撰寫一篇有關榮格在超心理學（parapsychology）領域中的經驗與研究的論文。[1] 本書第一章〈超心理學：經驗與理論〉，就是那篇論文的擴充版。

榮格的超心理學研究是他作品中最難的部分之一，但從科學角度來看卻是最重要的。作為因果關係的補充，他提出的共時性解釋原理幫助我們理解了許多迄今為止無法解釋的現象，並將這些現象納入科學的框架。由於他的洞見，超心理學成為溝通無意識心理學與微觀物理學之間的橋樑。

榮格不喜歡研究那些四平八穩、不能給人新發現的問題，而喜歡把注意力轉向那些冷僻、不尋常的問題，超心理學正是這樣。直到今天，在許多人眼裡仍然如此。煉金術也一樣。然而，榮格卻認識到：煉金術不僅是煉金術士們在勞作過程中發現的、構成化學肇始的部分，還應該把煉金術文本中的內容，視為一個來自無意識的意象和觀念的神祕宗教世界。這種神祕性，使煉金術對深度心理學的形成產生了重要影響。

紐約波林根基金會委託我為「梅隆收藏」（Mellon Collection）中的《煉金術與神祕學》（*Alchemy and the Occult*）[2]收藏目錄寫一篇〈煉金術對榮格的影響〉（The Influence of Alchemy on the Work of C. G. Jung）。〈煉金術〉一章，就是那篇論文的修訂擴充版。1921 年，保羅・梅隆（Paul Mellon）和他的第一任妻子瑪麗・康弗諾・梅隆（Mary Conover Mellon）開始搜集煉金術和神祕學文獻。在與榮格交談之後，勾起了他們對煉金術的興趣。瑪麗死後，保羅・梅隆的搜集工作並沒有停止，約二十五年後才完成。這些藏品總共三百份左右，書和手稿各占一半。1965 年，他把它贈給了耶魯大學圖書館，圖書館（1968 年）將收藏目錄分上下兩卷本結集出版，配有豐富的插圖，總共印了五百本。這本書為了與榮格做比較，還引用了他作品中使用過的材料以及榮格自己收藏的約兩百件作品。

1966年，勞倫斯・凡・德・普斯特上校（Colonel Laurens van der Post）[3]鼓勵我去研究極具爭議的榮格對國家社會主義的態度。指責榮格是納粹和反猶分子的聲音不絕於耳，凡・德・普斯特深感震驚；他太瞭解榮格了，根本不相信這些指責。對凡・德・普斯特和我來說，最好的反擊方式就是將事實（不管對他有利還是有弊）置於歷史的視野中，並對它做出心理學上的解釋。在第三章中，我嘗試著把這件事寫出來，本文與第四章都是第一次用英文發表。

最後一篇論文（第四章），〈榮格的最後歲月〉，是我應許多人要求寫的，這些熟悉他科學著作的人，同時也想瞭解他私人生活的畫面。這種要求是可以理解的，畢竟榮格甚至在還在世時就已經成為一個傳奇了。他去世之後出版的《記憶、夢和反思》[4]並沒有消除人們的好奇心。那本書關注的幾乎都是「人的內在」經驗（榮格把它稱為二號人格），而很少涉及到他的一號人格，即，植根於外在世界與人際關係中的生活。我的這篇文章只不過是即興寫下的、反映他一號人格生活的一張張快照，記錄了榮格晚年歲月的一個側面。要想寫出完整的畫面，還需要增加許多其它的東西。

安妮拉・亞菲

這個新版本增加了〈榮格一生的各個創作階段〉一章，最早它是一篇艾瑞諾斯（Eranos）[5]演講稿，還有一篇是勞倫斯爵士為增加了〈榮格和國家社會主義〉一章的更新版做的附論，鑒於這個主題至今仍是一個令人遺憾的爭議話題，我特別感謝普斯特的仗義執言。

感謝羅伯特．欣肖（Robert Hinshaw）和范娜．凱恩斯（Fina Cairns），在我為新版本準備重寫「國家社會主義」一文時，他們為編輯翻譯這篇文章涉及到的大量細節付出了艱辛的努力。

安妮拉．亞菲

1988 年 12 月

備註

【1】 J.R.Smythies 著（倫敦，1967 年）斯邁西絲（J. R. Smythies），《科學與 ESP》（*Science and ESP*, London, 1967）

【2】 由伊恩．馬安德（Ian.Macphail）編撰，由 R.P. 瑪律特霍夫 R. P. Multhauf 和亞菲撰寫，由威廉．麥圭爾（William Mcguire）注解的集子，第二卷。（New Haven, 1968）。

【3】 〔編註〕勞倫斯．凡．德．普斯特（Laurens Van der Post, 1906-1996），出生於英國

殖民時期的南非，為作家、探險家、教育家、哲學家、新聞工作者，也為英國的政治顧問、查爾斯王子好友、威廉王子的教父。著作繁多，涵蓋小說、政治、心理、旅記等，著作曾被改編為電影《俘虜》（*Merry Christmas, Mr. Lawrence*, 1983）、《幻象大獵殺》（*A Far Off Place*, 1993）。

【4】 榮格著《記憶、夢和反思》（*Memories, Dreams, Reflections*），由亞菲記錄整理，理查、克拉拉．溫斯頓（Richard and Clara Winston）譯（New York and London, 1963）。

編按：台灣現行的中文版書名為《榮格自傳：回憶．夢．省思》，劉國彬、楊德友譯，張老師文化出版。本書採譯者譯法：「記憶、夢和反思」，可參考《遇見榮格：1946-1961 談話紀錄》譯序（p. 19-20）之說明。

【5】 〔編註〕艾瑞諾斯論壇是一個致力於人文和宗教研究以及自然科學的學術社群，1933 年創立，每年在瑞士阿斯科納（Ascona）舉行，每次會議為期八天，期間所有參與者都可以共同生活，促進交流，營造了自由開放的討論氛圍。討論議題從深度心理學、比較宗教到歷史、文學批評和民間文學藝術等，宗教學家奧托（Rudolf Otto）、漢學家衛禮賢（Richard Wilhelm）以及榮格，都曾經是當中舉足輕重的人物。

超心理學：經驗和理論

神祕學與招魂術

對卡爾·古斯塔夫·榮格來說，超心理學不僅僅是一種理論，科學研究、實驗對象（物件），他的生活中本身就充滿著自發的、非因果關係的個人經驗，通俗地說，他的生活中充滿了超乎尋常現象。他似乎天生就與常人不同，能夠「看透」發生在心靈背景中的事件。但這並不能說明（是）他全部的經驗範圍，他還透過對大自然、事物和人持續不斷的觀察，敏銳地察覺到無意識的表現。由於他密切關注心靈世界和外在現實，因而毫不奇怪，他察覺到這兩個世界之間存在著有意義的聯繫，如果不是敏銳的觀察者，是看不到這種聯繫的。儘管在榮格的生活中，預言性的夢和預感遠遠談不上司空見慣，但也不罕見。每次發生這種事，他都會驚訝而充滿敬畏地打量它們——人們不禁會說：敬畏源於奇蹟。在他八十多歲寫的回憶錄[1]裡，他對此做了詳盡的描述。

榮格的母親，艾米麗·榮格（Emilie Jung，1849-1923，娘家姓柏賴斯偉克〔Presiwerk〕）有著類似的天賦，著迷於「超自然」(supernatural) 現象。她留下了一本日記，裡面記錄著她經歷過的所有的預兆、「幽靈」現象，以及各種怪事。她的父親，撒母耳·柏賴斯韋克（Samuel Presiwerk，1799-1870）是巴塞爾大主教。在她還是個孩子的時候，就常常被父親指派去保護他免受「幽靈」打擾。在父親寫佈道辭時，她不得不坐在他身後，因為他無法忍受「幽靈們」在背後打擾他。他每個星期都固定時間與他已故的第一任妻子進行親密的對話，這令他的第二任妻子十分惱火！從精神病學上說，榮格把他外祖父的這種現象診斷為「清醒的幻覺」，儘管榮格並不當回事，只是「隨口說說」。撒母耳的第二任妻子奧古斯塔（Augusta，1805-1862，娘家姓法伯爾〔Faber〕）是榮格的外祖母，天生就有第二種「視力」，也能看見「幽靈」。家裡人把她的這種天分追溯到她年輕時曾假死性地昏迷了三十六個小時。而且，她的這種天分經得起嚴格的測試：有時她會看見不認識的幽靈，而事後證實這些人真的存在過。

早在十九世紀末榮格還在學醫的時候，他就開始把超心理學當作科學，對它產生興趣了。那時候，像「夢遊症」或「招魂術」之類的術語，經浪漫主義的渲染已非常盛行。榮格六十歲生日慶典上，他學生時代的老友阿伯特·奧瑞（Albert Oeri）[2]在獻給他的文章中寫道：

我不否認，在研究招魂術文獻時，榮格經歷了個人勇氣方面的嚴峻考驗。他在那個領域做了大量的實驗，之所以能夠堅持自己的信念，是因為他做了更為謹慎的心理學研究。當時，官方科學界不做調查就隨意解釋，從而粗暴地否認了超自然現象的存在，榮格對此憤怒不已。因此，像措爾納（Zollner）和克羅克斯（Crookes）這樣的招魂術士（對他們的理論，他可以一談就幾個小時）便成為了他心目中的科學烈士。他發現自己的親友中有人參加了降神會……當我去他寄宿的地方探望他時，我會興致勃勃地聽他口若懸河地談論著這個話題。他那可愛的達克斯獵犬會嚴肅地仰望著我們，就好像它什麼都聽得懂一樣。榮格常常對我說，每當這間房子裡出現某種超自然的東西時，這個敏感的小生命有時會發出可憐的嗚咽聲。【3】

正如奧瑞指出的那樣，榮格不僅閱讀「玄學」（occult）文獻，他還開始著手做自己的實驗，1899-1900 年期間，他定期組織了降神會。靈媒是他的一個十五歲的表妹，還是個在校學生。這項活動剛起步時，他的家裡發生了兩件「玄學」現象，他與他妹妹和寡居的母親都是目擊者：隨著一聲巨響，一張祖傳的老式胡桃木桌子裂開了；不久以後，又隨著一聲鳴槍般的聲音，餐具櫃裡的一把麵包刀莫名其妙地突然碎成四片。這把刀的四個碎片至今還保存在榮格的家裡。【4】

在尤金．布雷勒（Eugen Bleuler）教授（後來是榮格在蘇黎世柏格霍茲里診所〔Burgholzli Clinic〕（譯按：即，柏格霍茲里醫院）時的負責人）的建議下，榮格將他的招魂術實驗成果當作他的博士論文寫了下來，題目為〈論所謂玄學現象的心理學和病理學〉（On the Psychology and Pathology of So-called Occult Phenomena）。[5] 在榮格的所有作品中，這篇博士論文特別有趣，因為它包含了榮格後來思想主要基本概念的萌芽。年輕的靈媒處於恍惚狀態時，會說出不同「人格」的話，榮格將此解釋為無意識「部分心靈」的人格化。這意味著心靈是兩極的，或更準確地說，是多極的。部分心靈，或者說人格的無意識部分，預示著他以後將會提出無意識中的「自主情結」（autonomous complex）概念。不久，主要是透過他在柏格霍茲里診所當助理精神分析師期間（1900-1902）對詞語聯想[6]的研究，他又獲得了關於這個概念更為明確的表達。正是在那個時候，他認為，自主情結是構成無意識發展最重要的動力之一。他的這篇論文還包括其他重要的基本概念：意識與無意識之間的補償關係。榮格觀察到，靈媒在出神狀態下出現的一連串幻想和人格化情結是對她意識態度的補償，是為今後獲得更完善的性格所做的準備。最重要的是觀察到：在她出神狀態中，反覆出現的一個更為高貴、傑出的女人，顯然是一種無意識理想，補償了單純的、性格還未成形的年輕女子。

經過一段時期的緊密合作，靈媒的夢遊能力下降了，並且，她還試圖以作弊方式營造降神會的效果，於是，榮格中止了實驗。不過，事實上，追求「更高人格」的情結還是在後來的現實生活中自己形成了。這個不穩定的女孩後來成為了一個成熟自恃的女人。儘管她年紀輕輕二十六歲就去世了，但她找到了一份可以發展她藝術才華的工作。

觀察到的事實已充分表明，意義重大的夢遊現象在青少年時期發生得最為頻繁。榮格的這篇論文中提出了這樣的假說：它們代表著青少年企圖發展出的性格（character），預示著（個體化的）分化（differentiation）過程。它們在許多情況下：

其實就是，為了形成新的性格，或者試圖突破障礙而形成未來人格，卻由於遇到（不喜歡的環境、神經系統中的精神錯亂等）特殊困難，而對意識造成的特別干擾。從今後形成的相反的性格來看，這種夢遊狀態有時具有明顯的目的性，因為它們使個體獲得了制勝手段，否則的話，就會不可避免地屈服於現狀。」【7】

因此，榮格認為，夢遊症和他後來認為的精神官能症具有同樣的意義：他沒有從因果關係的角度，而是把它們放在個體發展過程的終極意義上思考它們。

從榮格後來的作品看，最有意思的是，靈媒在出神狀態下說的內容裡出現了真正的曼陀羅。這是一系列的同心圓，代表著諾斯替教的宇宙系統及其宇宙能量。女孩說這是「從幽靈們那裡得到的」，榮格根據女孩口述把它畫了出來。[8]出現曼陀羅成為靈媒表現的高潮，自那以後，她講的東西就越來越膚淺，越來越沒有意義了。

儘管榮格對超心理學始終保持著濃厚興趣，但他卻再也沒有提起過他調查過的「所謂玄學現象」，直到許多年後才又重新提起，1919 年，他在英國心理研究學會（British Society for Psychical Research）上做了一次演講「論相信幽靈的心理基礎」[9]。在這篇論文裡，他把幽靈和其他玄學現象解釋為，是從無意識自主情結中投射出來的東西，換言之，也就是「無意識情結的外化（exteriorized）效果」，於是，他又重新談起他博士論文中的觀點。他寫道：

拿我來說，我也堅信它們就是外化現象。我反覆觀察了這種由無意識情結產生的心靈感應效果，也觀察了大量的靈異（parapsychic）現象，然而，我看不到有什麼證據可以證明，這些現象中存在著真正的幽靈，不過，在這類證據出現之前，我必須認為，所有這一切都屬於心理學的附加領域。[10]

大約三十年後的 1948 年，在這篇論文的修訂版中，榮格根據他已經形成的集體無意識（即，原型）概念，在這句話下面增加了註腳，當然，這個註腳也同時適用於玄學現象：

五十年來，我從許多人、從許多國家收集到大量的心理經驗，使我不再像1919年我寫下這句話時那麼確信了。坦率地說，對這些現象，我不再認為只有心理學解釋才是對它們公正的判斷。這些不僅僅是超心理學的發現，就連我自己在對〈論心靈的本性〉（On the Natural of the Psyche）[11]做概述，進行理論性反思時，也產生了某些明確的想法，它們涉及到核子物理學領域和時空連續體概念。這不禁讓我們猜想：超心靈現實是不是直接以心靈為基礎的？

榮格這裡提到的理論性反思，我後面會更為詳盡地展開討論。但我們可以預料它的範圍：他得出的結論已經超出了用因果關係顯示，並通過時空建立起聯繫的心靈世界（即，超出了意識與個人無意識的範疇），這個世界肯定是一個超心靈現實的世界（集體無意識）。其中一個主要特徵就是時間與空間的「相對性」（relativation），因此，因果律在這裡失去了它的絕對有效性。意識所體驗到的過去、現在和未來都是相對的，在沒有被「意識」到之前，在無意識中，它們都是沒有時間的、不可知的統一體（unity）；出現在意識中的遠和近，在它們還沒有被「意識」到之前也是如此，都是不可知、沒有空間的統一體。當研究進入到亞原子（subatomic）的非連續性時，物理學也面臨著非因果關係和時空相對性的問題，在現代科學的框架中，其意義相當於榮格的發現與假設。

在他認識到超心靈現實存在的同時，他對他的原型（archetypes）概念也做了修正：必須把原型視為超意識領域的內容或工具。從 1946 年起，榮格將它們描述為「類心靈」（psychoid），【12】這意味著，它們不純粹是心靈的，同時也是物質的。這種由於時空範疇進入無意識而受到的「汙染」，顯然是個悖論，儘管它並不比人們熟知的物理學中光的悖論更讓人困惑：在某些條件下，光必須被認為是由波組成的，而在另外的條件下，卻只能被解釋為粒子。

類心靈原型與原型意象或原型內容不同。原型意象或原型內容屬於可知的意識領域，就好像出現在世界各地各個年代的神話、童話、夢境、幻想等中的主題一樣。而類心靈原型，或者說「原型本身」（archetype per se）卻是集體無意識中不可知的要素，它是形成這些主題的基礎，並透過典型的意象和聚合顯現出來。它是一種結構性元素，好比生物學中的「行為模式」，它也是反覆出現在生活的典型場景的基礎，諸如誕生、死亡、疾病、變化、愛等等；它像本能一樣表現為各種典型關係：母子、夫妻、師生關係，諸如此類。榮格把原型本身比作為「水晶軸向系統」（axial system of a crystal），可以說，它就像可以在母液中預先形成水晶結構一樣，儘管它本身並不是一種物質的存在。【13】

既然原型本身是類心靈的，因而榮格成功地表明，也正是它安排了具有非因果關係的超心靈事件（預言性的夢、預兆等），從而為我們打開了一條通往未解之謎的道路。這兩者之間的關係，將在下面關於共時性現象的章節中展開更為詳盡的討論。

世界背後還存在著一個不可知的類心靈世界，這種假設改變了我們對降神現象本質的最初想法，使得我們不再侷限於榮格已經放棄了的最初論點：幽靈是自主心靈的外化或投射。它們到底是什麼東西？從哪裡來？為什麼它們會在那裡以這種樣子出現？對他來說（至少在大多數情況下），這些問題仍然令他感到困惑、無法得出答案，這同樣也是今天的科學無法回答的問題。[14]在他為史都華・愛德華・懷特（Stewart Edward White）的《無障礙宇宙》（*The Unobstructed Universel*）[15]寫的德文版序言中，極為謹慎地表達了對這方面的看法：「儘管一方面，從批評的角度來看，我們對每一個（鬼魂）個案表示懷疑，而在另一方面，又沒有任何證據可以證明幽靈是不存在的。因而，從這個意義上來說，我們必須承認，這仍然是一個未解之謎（a non liquet）。」

在他為范妮・莫瑟（Fanny Moser）的書[16]撰寫的一篇文章中，榮格描述了自己 1920 年在英國遇鬼的故事。他在一個朋友剛租的別墅裡住了幾個週末。夜裡，他經歷了愈演愈烈的鬧鬼現象如敲門聲、惡臭、窸窸窣窣的滴水聲。這一切都令他毛骨悚然，最後的高潮是鬼的出現，或者說，幻覺中出現了一個老女人的半個頭，懸在離他枕頭約十六英寸的地方，一隻眼睛大睜著盯著他。榮格點亮蠟燭後，老女人的頭也隨之消失了。下半夜，榮格是坐在椅子上度過的。後來，他和朋友知道了一個全村人都知道的事：這是一間鬧鬼屋，所有的房客很快都被嚇跑了。

榮格將他這段經歷中的一些細節解釋為，無意識裡的心靈內容的外化現象。但還有一些難以解釋的問題是：為什麼單單是在那幢別墅裡鬧鬼，而且是在特定的房間。在倫敦時，儘管榮格的工作被安排滿檔，但他還是睡得很好。這是一個典型的發生在特定地點鬧鬼的案例，直到今日還找不到科學的解釋。榮格離開後不久，這幢別墅就被鏟平了。

二〇年代早期，榮格與阿伯特伯爵以及尤金・布雷勒教授一起，對奧地利靈媒魯迪・施耐德（Rudi Schneider）做了一系列實驗。他們目睹了物質化（materializations）、突發性精神異常（psychokinetic）以及其他現象。三〇年代，榮格與靈媒 O. Schl. 一起做了類似的實驗，同時在場的還有其他人，這次布雷勒也有參加。榮格後來對我講述了一個叫「猜紙牌」（papier-maché objects，天使圖案和啤酒墊圖案）實驗：要猜的圖案被塗上螢光層，掛在靈媒搆不到的半空中，只要靈媒一陷入出神狀態，圖案就會來回搖動。

二十五年後（譯按：榮格的非洲之行是1925-1926），榮格在中非時，透過一個典型的聯想鏈想起了這些實驗。在乘火車從蒙巴薩（Mombassa）到奈洛比（Nairobi）的旅途中，他看到一個棕黑色人，一動不動地站在陡峭的紅色懸崖上；手撐長矛，俯視火車。

我被這一幕迷住了：這是一幅完全不同於我外在經驗的陌生畫面，但另一方面，我又有一種強烈的似曾相識的感覺（sentiment du deja-vu）。我有種感覺，我曾經歷過這一刻。我一直就知道這個世界，只是時間把我們隔開了……由這種奇特體驗喚起的情調，一直伴隨著我穿越蠻荒非洲的整個旅程。我能回想起的、與這種被稱為從不可追憶年代起就知道的東西相類似的，只有一件事：那是我與我的前負責人尤金·布雷勒教授第一次觀察超心理現象。實驗之前我想，假如我真的看到這種不可思議的事情的話，我會嚇呆的，但等到我真的看到了，我卻一點也不感到吃驚，我感到這是理所當然的、極其自然而然的事，因為我知道它很久了。【17】

在榮格去世的1961年，回顧自己曾觀察過的現象，他在一封信裡寫道：

我看到過不經直接接觸就會移動的物體，並且是在絕對符合科學條件下觀察的。人們可以把這些移動稱為……懸浮——假如認為這些物體是自己移動的話。但似乎並非如此，因為所有那些看起來自己移動的物體，就像有人用手把它們提起、搖動或扔出去一樣。在這一系列實驗中，我和其他觀察者都看到了手，並感覺到它的壓力：顯然，其他此類現象都與手有關。這類現象與「意志」無關，因為只有在靈媒出神狀態時，才會出現這類現象，並且絕對不受他意志控制。這類現象似乎可以歸為吵鬧鬼一類（poltergeist manifestation）。[18]

根據榮格後來的描述，他看到的是一隻小孩的手，並且感到了這隻手產生的壓力。過了一會兒，這隻手就消失了。

榮格是個嚴謹的觀察者，不會輕易受到暗示的影響。在一次降神會上，五個在場的人中，有四個人都看到了有個像小月亮一樣的東西漂浮在靈媒的小腹上。對這四個人來說，第五個人，也就是榮格，看不到是絕對不可思議的，儘管他們反覆指出這個東西的精確位置，但他就是看不到。[19]由此，榮格推斷，在某種情況下，有可能存在集體幻象——譬如說，看到飛碟。[20]

為了解答蘇黎世的弗雷茲・布蘭科（Fritz Blanke）教授（寫過一本關於瑞士聖尼古拉斯〔Niklaus von der Flüe〕的書

籍）提出的問題：這位聖人為什麼可以從 1467 年到 1487 年的二十年間一直不吃東西。榮格再次提到曾在伯格霍茲里診所做過的實驗，特別是實驗中出現的物化過程。他在回信中寫道【21】：「聖人完全有可能透過超心理的方式獲得營養。」他自己就參與過對靈媒現場表演的調查。他發現靈媒身上有一個點，可以接收遠距離發射過來的外質（譯按：指圍繞著鬼魂的東西），他周圍的離子化程度相當於正常環境中的六十倍。因此，被離子化的分子就是通過這個點從身體表面進出的。顯然，正是這些分子，形成了白色或發光的外質霧，和物質化的身體（materialized bodily parts）。「既然這種事能夠發生，」榮格寫道，「那麼也就可以設想，靈媒身邊的眾人或許也可以成為一個離子源，也就是說，營養可以藉著蛋白質的活動分子，從一個人身上傳到另一個人身上。」他的假說來自這樣一個事實：「在超心理實驗中，在物理現象階段，曾觀察到坐在磅秤上的靈媒和一些參與者的體重都減少了幾公斤。」不過榮格自己並不傾向於這麼認為，他僅僅把它視為絕食奇蹟的一種可能性解釋。「遺憾的是，對這類事情的調查實在太少了，」榮格在信的最後寫道，「這是以後要做的事情。」

後來，榮格本人不再去做降神會和超自然現象方面的實驗了，而且，也從來沒從科學角度來評估他的超心理學實驗，但他從來沒有忽視過它們的價值。「儘管，我在這個領域裡的所有原創性研究從來沒有給我帶來過任何聲望，但我敢理直氣壯地說，我觀察到的這類現象足以使我完全確信它們的真實性。對我來說，它們是無法解釋的，因而我也無法判定通常的那些解釋，哪個更好。」[22]總而言之，他感興趣的是這些東西給他帶來的豐富體驗，而這完全符合他作為一個經驗主義者的科學態度。「在這個廣闊模糊的領域裡，似乎一切皆有可能，但同時也是令人難以置信的，人們必須親自去觀察許多陌生的事情，此外還應該去傾聽和閱讀，假如有可能，還應該通過調查目擊者去驗證那些故事，以便形成一種更為中肯的判斷。」在他為范妮・莫瑟的書寫的序言中，這句話或許可以成為榮格在超心理學研究中的座右銘。

存在著一個「超心理」的無時空領域，自然會誘惑人們去無限地推測和假設：不僅存在著一個精神世界，而且還存在著一個彼岸世界和死後的世界。榮格個人持這樣的觀點：假如人類不去思考，乃至沉溺於這些問題和幻想的話，那麼人類就會失去最根本的東西。人類的生活就會更加貧乏，老年人或許就會更為焦慮，而且會中斷與精神傳統的聯繫——這種傳統可追溯到人類文明的黎明。從最早的時候開始，人類的思想、宗教、哲學就充斥著關於死亡與死後生活的觀念，藝術也不斷地試圖去回答這些理性無法回答的問題。從心理學的角度看，不去正視這些問題，不僅是本能萎縮的症狀，而且是有意地無視人的心靈根源，人類將為此付出慘痛的代價：認為死亡仍然是一種可怕的黑暗，是我們的敵人。

不過，即使一個人已經形成了死亡和彼岸世界的觀念，也永遠不要忘記：他正在進入神話世界。儘管神話世界對人類是有益的，但請不要忘記，這與科學沒有任何關係，更準確地說，既然所有的科學都起源於神話，那麼科學確實再也回不到神話了。在他的回憶錄裡，〈論死後生活〉這一章，是榮格幻想性思考的產物，是他在「編神話」：「即使到現在，我能做的，也不過是在講故事而已——『編神話』。」[23]在他的〈靈魂與死亡〉（The Soul and Death，1934年）中，[24]對於什麼是神話的思考，他給出了科學的回答。在那裡，他強調了這樣一個事實：當心靈擴展到一個沒有時間和空間的領域時，心靈也就擁有了超感知能力。這為猜想提供了充足的依據，但還不足以為死後的存在提供任何終極答案。在他去世的前一年，他更為精確地表達了同一個主題。在1960年5月的一封信裡，他寫道：就心靈所具有的心靈感應和預見預知的能力而言，至少部分心靈在「時空之外繼續存在」，因而有可能真的存在著死後現象。

由於這種現象相對稀少，從根本上暗示著這兩種存在於時間之內和時間之外的東西是截然分開的，越過這條邊界成了最困難的事。但並不排除有這種可能性：在時間之外，存在著與時間之內相對應的東西。確實，我們自己有可能同時存在於這兩個世界，偶爾我們確實能感覺到這種雙重存在。但是時間之外的是什麼，根據我們的理解，外面的世界有所不同，它擁有相對的永恆。

最後，對於科學家們所熟悉的這類經驗不得不多說兩句，在英語文獻中，它被稱為「出體經驗」（out-of-the-body-experiences）。由於大腦完全停止活動，在深度無意識中，人可以體驗到當他恢復意識時能夠說出來的東西，並且能夠在最精微的細節上得到證實。他偶爾可以察覺到未來的世界。以下的情況並不少見：他可以從自己的體外觀察到，自己的身體就像沒有生命一樣躺在那裡。在阿諾德・湯恩比（Arnold Toynbe）編輯的《人類對死亡的關注》（*Man's Concern with Death*）[25]一書中，其中一章是湯恩比寫的，專門涉及到了這些報導。它們構成了對死後靈魂繼續存在的討論基礎。這些出體經驗似乎在我們可想像的領域。

在榮格的〈共時性：非因果連接原理〉（Synchronicity: An Acausal Connecting Principle）[26]一文中，榮格大量引用了此類經驗的報道，其中包括一篇奧克蘭的戈迪斯爵士（Sir Auckland Geddes）遞交給英國醫學協會的報道。[27]從嚴格意義上來說，榮格從中既沒有得出這類經驗與超心理學有關的結論，或進一步的假設，此外，也沒有引發他進一步對死後生命存在可能性的討論。榮格將他的結論作為起點，展開對馮・弗里希（Karl von Frisch）所研究的蜜蜂生活，尤其是「蜜蜂的語言」的談論。蜜蜂透過一種特殊的舞蹈與同伴交流它們發現地方的方向和距離。【28】這種交換資訊的方式應該被視為「智力的」，而且可以被其他蜜蜂所理解。然而，昆蟲根本就沒有腦脊髓系統，只有對應於人類交感神經系統的雙鏈神經節。榮格認為，顯然，就像腦脊髓系統一樣，神經節系統可以輕而易舉地產生思想和知覺。他問道：

那麼，我們該怎麼看待脊椎動物中的交感神經系統呢？它也能產生或傳遞特殊的心理過程嗎？馮・弗里希的觀察證明了超大腦（transcerebral）思想和知覺的存在。如果我們想要說明在無意識昏迷狀態中存在著某種意識的話，就必須要考慮到這種可能性。在昏迷期間，交感神經系統並沒有癱瘓，因而，可以被認為是精神功能可能的載體。如果是這樣的話，就必須提出這樣的問題：睡眠中無意識的正常狀態與它所包含的潛在有意識的夢，是否也可以從同樣的角度來看待，換言之，夢的產生，是否並非由沉睡腦皮層的活動產生，而是由沒有沉睡的交感神經系統產生的，因此夢具有超大腦的性質。【29】

在回憶錄中，榮格描述了自己1944年的那場大病時，在深度無意識狀態下體驗到的出體經驗。

我似乎處於高空中。我看到下面遠遠的、沐浴著輝煌藍光的地球。我看到深藍色的海洋和大陸……我的視野並沒有囊括整個地球，但它的球體形狀清晰可辯，它的輪廓穿過奇異的藍光閃爍著銀色的光暈……後來我發現，我越是飛得高，視野就越大——大約距離地球一千英里！從這個高度看到的地球景象，是我一生中從未看到的、最輝煌的一幕。[30]

今天，四分之一世紀過去了，這段描寫還不由地使人將它作為太空人「脫離」地球後的預想，他們吃驚地凝視著閃閃發光的藍色星球：地球，正在從月球的地平線上冉冉升起。

共時性現象

在榮格的科學研究中，比我們正在討論的（鬼和死後生命的問題）超驗或降神術現象遠遠更為重要的，是那些難以用因果關係來解釋的、通常被歸為超感知覺（extrasensory perceptions）的事件。這些事件在徵兆、預兆性的夢、啟示、心靈感應和「直覺」以及在占星術、風水，塔羅牌和中國《易經》[31]等占卜方法中都扮演了角色。在所有國家、所有時代的文獻與傳統中，把超感知覺說成是令人吃驚的奇蹟，並把它們作為人與動物「超自然」力量的證據，例子比比皆是。

這些用感覺器官無法接近的未知事件，大多數都是透過內在的心靈意象（例如出現夢裡或幻象中的意象）察覺到的。不管這種被察覺到的事件實際上是發生在過去、現在還是未來，也不管它發生在附近還是地球上遙遠的另外地方，重要與否，**都被認為是此時此地被感知到的東西**。通常，人們把內在意象與外在事件不可思議地同時發生的現象僅僅當作「巧合」，但這並不足以解釋它們。榮格對於在科學中如此隨意地使用「巧合」這個概念抱持懷疑態度。面對批評他的人，榮格以佛洛伊德為例加以反駁，因為正是佛洛伊德不把口誤、筆誤，或記憶錯誤當作偶然，才有了心理學上的重要發現。此外，任何對超感知覺的科學解釋，假如是建立在因果原理上的，註定都會失敗。未來事件怎麼會成為今天做夢的原因，從而能夠在夢中自我呈現並預見到呢？一個在紐約垂死的人怎麼會讓歐洲某地方的人預感到他的死亡呢？更不必說，因他的死亡造成時鐘停擺或玻璃破碎了。更簡單地說，當受試者試著去感知放在另一個房間裡的二十四張疊在一起反扣著的圖片卡時，他的成功率為什麼會超過概率呢？而這正是杜克（Duke）大學的萊恩（J. B. Rhine）著名的紙牌實驗[32]的統計結果。這些實驗最終證明，人具有超常的超感知覺能力。

榮格自己建立起來的超感知覺理論探索，在很大程度上是借助了萊恩實驗的正面效果為現實提供的新維度。[33]「萊恩實驗告訴我們，」他說，「假如不可能發生的事確實發生了，說明確實存在著『不可能』，只有存在著『不可能』的世界圖景才符合現實。」[34]從科學的好奇心來看，比起從一開始就「可能」的事，「不可能」的事更為重要。

長期以來，超心理學一直致力於為那些不是被實驗誘導出來的、而是自發產生的超感知覺報導，建立一份真實可靠的檔案。那些成功收集到的大量案例，尤其是一些預言性的夢或徵兆，都是在事情「被感知」之前寫下或記錄下來的。既然今天已經有了大量這方面的可靠證據，並且就這個主題已經出版了大量文獻，此外，我們還從中看到大多數的經驗具有一定程度的相似性，因而，我們已經不必再像早期超心理學那樣非得依賴於對每個單獨案例的驗證了。儘管這樣，仍然存在著核實的問題。就像在做心理分析過程中那樣，對系統性記錄下來的夢，驗證起來往往容易得多。[35]

對超心理現象之科學可靠性的指責主要是：直到今天還不能用因果關係來解釋它。對西方人的思維來說，因果關係原理幾乎根深柢固難以放棄（自笛卡爾時代起，就被認為是絕對有效的原理），這妨礙了接受現實中的非因果連接。在《大英百科全書》（1961 年版）裡關於超心理學的詞條中，非常清楚地寫道：「就像那些不心存偏見、最名副其實的懷疑論者指出的那樣，更廣泛地從科學角度接受超心理學發現的主要障礙在於：超心理學幾乎完全缺乏任何可信的理論，用來說明潛在的因果過程。」但正是科學，率先打破了因果關係原理的獨斷地位。一旦接受了自然律只在統計學上有效，那麼從邏輯上來說，就不得不考慮用統計法來說明例外的可能性。這為因果關係的絕對有效性敲響了喪鐘，這種非因果關係首先是在對無窮大領域（宇宙領域）和最小領域（亞原子核領域）的觀察過程中發現的。榮格在心理學領域建立起了一個相對應的領域：在同時受制於意識和無意識的非常規情況下——「在特定環境下，將事件聯繫起來的可能不僅只有因果原理，還需要另一種原理加以說明。」[36]

榮格把另外這種對因果律加以補充的原理稱為「共時性」（simultaneity），並把它定義為：「同時發生的（coincidencen in time）兩件或多件沒有因果關係，卻具有相同或相似意義的事件。」[37]它是一個經驗性的概念。提出這個概念，「僅是出於知性上的必要。它可以在公認的空間、時間和因果律三位一體之外，成為第四個原理。」[38]不過，榮格特別強調，共時性原理只適用於用因果關係解釋不了的情況。「因為，哪怕只要能夠設想出一點點原因，共時性的提法就會變得相當可

疑。」【39】

榮格的定義經常被人誤解，因為，「同時發生」一般被理解為由時鐘規定的天文學上的同時性。然而更準確地說，應該將這種**相對同時性**（a relative simultaneity）理解為主觀體驗中的內在意象與外在事件的巧合。只有在這種經驗中，才不存在時間上的差異，因為，無論是發生在過去、還是未來的事件，都成了現在發生的事件。這種時鐘上的同時性（simultaneity）或許是透過一個客觀存在的東西將內在意象與外在事件聯繫起來的，時間上的同時發生並非決定性的因素。決定性因素在於主觀體驗，即，相對同時性。因此榮格選擇的術語是「共時」（synchronistic），而不是同步（synchronous），說它是共時性（synchronicity），而不說是同步性（synchronism）。

康德【40】所說的史威登堡（Swedenborg）的斯德哥爾摩大火的幻象（vision of a conflagration in Stockholm），可以歸為同步性事件，即：史威登堡在距離斯德哥爾摩五十英里之外的哥德堡，通過幻象看見了斯德哥爾摩大火，在時間上，幻象與火災是同時發生的，然而，因為兩者之間不存在因果關係，榮格也將它稱為共時性現象。但是，在哥德離開弗里德里柯・布里翁（Friederike Brion）之後，看到弗里德里柯・布里翁的分身正騎著馬向他走來，就不是這麼回事了：「不是用肉體的眼睛而是用精神的眼睛看到的，」未來事件變成了現在發生的事：八年後，當哥德騎馬沿著同一條路再次去看望弗里德里柯時，他倍感震驚，看到弗里德里柯穿著與分身同樣的衣服——「鑲著金邊的煙灰色」衣服，一下子回想起他遇到過的分身。[41]過去的經歷剎那間成為現在看到的事，這種事似乎更為罕見，或者說，更少有人報導。兩個英國教師莫伯里（C. A. E. Moberly）和佐丹（E. F. Jourdain）的經歷令人稱奇：她們1901年去凡爾賽一個公園遊玩。當她們正在小特里亞農宮附近散步時，伴隨著一種異常的不安感陷入了夢幻狀態，看到來自法國大革命時代的人。她們留意到花園佈局的細節，當幻覺狀態結束後，這些細節也隨之消失了。而這些老式布局後來得到了證實。這兩位女士關於這次奇異經歷的詳盡筆記，於1911年以《歷險記》（*An Adventure*）的書名出版。[42]

關於史威登堡幻象中出現的1759年斯德哥爾摩大火，從康德的報導中可以看到，就連這位近乎完美的思想家都難以將非因果關係現象視作真實的東西來接受。這是一項連卓越非凡的思想家都難以勝任的任務！在一封日期不詳的，寫給夏洛蒂・馮・克諾布洛赫（Charlotte von Konbloch）的信裡，他對這個有趣的故事做了一些補充：他的一個朋友驗證了這件事，史威登堡和哥德堡的目擊者都證實了這件事。史威登堡的幻象毋庸置疑。在康德發表於1766年的《精神預言家的夢》（*Dreams of a Spirit-Seer*）一書中，他的表達更為謹慎，他再次如實地講述了這些事實，但幾乎就像為自己講的「童話」感到歉意一樣，讓讀者們自己做出判斷：「面對這個我自己都糾纏不清的神奇故事，我用自己的思考方式試圖區分其中理智和輕信的成分，並計算這兩種成分各占多少比例。」[43]緊接著，他寫道，他認為自己「完全可以避免被人嘲笑，」因為，只要批評「這是件蠢事」，他就能處身於「眾多的正派人行列了」。集體思想總是反對淳樸人們透過親身經歷獲得並嚴肅對待的本能知識，就像科學家總是試圖用新的思想來代替習慣性思想一樣。

意義扮演決定性角色*

除了我們談論的相對同時性之外，共時性現象還有其他特徵。根據榮格的定義，共時性現象的**意義**也在其中扮演著決定性角色。這種意義，或者說，察覺出相關事件之間的意義，實際上是把多個相關事件濃縮成單一的、完整的經驗。意義常常來自於內外在事件的相似性，或事件本質上的相同。榮格舉了這樣一個例子來說明：一個病人告訴他夢見了一隻金甲蟲，或者說，一隻類似於金龜子的甲蟲（玫瑰金龜子）就在這時輕輕地拍打著外面的窗玻璃。[44]這裡，兩件不同的事件（夢見甲

* 本書以下所有（同字級）小標題為本中譯本編輯所加上，原文無這些標題。

蟲和玫瑰金龜子的出現），每件事有各自的因果鏈，卻透過相同的主題，通過意義，將它們聯繫在了一起。

有時候，與一個孩子、一隻動物不期而遇，或偶爾看到一個東西、一道風景、一片落葉，一幕日常的景象，乃至任何其他偶然看到的東西，都能以最精確的方式反映出內在事件，它們甚至有可能重現夢裡見過的意象。這種內外意義一致的、具有啟發性的經驗，同樣是建立在共時性上的。一般來說，它們會使人產生奇妙的感覺，有時會讓人感到平靜和放鬆，或許這暗示著一種與世界合而為一、躺在生活懷抱之中的安全感。

憑藉被體驗到的意義，內在意象甚至可以對等地逼真重演或預知外在事件內容。有人偶爾來到一個陌生的城市，發現自己可以毫不費力、不用嚮導就能找到路。他對於這裡的一切都不感到陌生，因為之前，他曾經在夢裡穿過這裡的大街小巷。這種**似曾相識的感覺**（sentiment du deja-vu），或許就來自已被遺忘的預知性夢。

在很多情況下，共時性的對等物並不是直接表達出來的，而是通過喚醒經驗意義的象徵性聯繫表達的。例如，在那些奇怪的超心理事件中，物體確實扮演了這樣的角色：鐘錶突然停了、鏡子突然裂了、玻璃成為碎片、門自動打開——這些都是有意味的，預告著朋友或親人的死亡。就像民間傳說中說的那樣，上述發生的所有這些事都可以被解釋為死亡的象徵。

夢也同樣如此，類似這樣的夢境：一棵正在倒下的樹；一個人散步，誰也追不上；一盞已經熄滅或正逐漸熄滅的燈，可能都是對死亡的預告，就像夢中顯示的那樣：要去遠行，或表示訣別。連接共時性現象心物兩個方面的，始終是內容的一致性。

有時候，夢裡出現的特徵太古怪了，只有熟悉原型意象的人才能認出其中隱藏著的死亡預兆。榮格在去世前寫的最後一篇論文中，簡述了一個八歲女孩的系列夢。【45】小女孩把這些夢記錄在一個小本子上，在她十歲時作為聖誕禮物送給了她的父親。一年後，她去世了。這些夢大量地描述了非個人的、宗教的、哲學問題的原型意象，這遠遠超出了一個八歲女孩的理解範圍。小女孩這樣描寫她夢裡跑來的「壞獸」（bad animal）：

> 我曾夢見一隻長著許多角的動物。用牠的角卷住其他小動物。牠像蛇一樣蠕動，而牠就是這樣生活的。接著，四個角落湧出藍霧，牠停下吃小動物。然後，上帝出現了，四個上帝從四個角落冒了出來。然後，這個壞獸死了，所有被牠吃下去的小動物都復活了。【46】

這個夢裡的象徵把預見（或直覺）到的死亡放置在一個沒有時間的神話場景中。在這裡，宗教創造性和神話創造力發揮了作用。

每一個預知性的夢、每一種徵兆都有它自己的心理因果關係，而與其他導致「感知」它們的事件沒有任何因果鏈上的關係。正如我們說過的那樣，將內在與外在事件聯繫起來的環節是意義。但是，也不要忘了，正是人，把意義賦予了自己體驗到的東西。它取決於我們如何看待這類現象：也完全可以把它們當作僅僅只是巧合、乏味無趣的東西，對它們漠然視之。這就是為什麼，在共時性現象的研究中，對榮格來說至關重要的是：在獨立於個人的、客觀的、科學的「非因果秩序」（一種可理解的秩序）的概念之外，還同時存在著意義的概念。因為非因果事件的基礎就是意義，正是意義將非因果事件聯繫在一起。對此，我們以後還會再談。

共時性與占卜之術

榮格一直等了二十多年才發表他關於共時性的革命性論文，這是他對待科學問題的一貫謹慎。1952 年，該文與諾貝爾獎獲得者物理學家沃夫岡．包立（Wolfgang Pauli）的另外一篇論文〈原型觀念對開普勒科學理論的影響〉（The Influence of Archetypal Ideas on the Scientific Theories of Kepler）【47】一起發表。榮格在 1930 年的一篇紀念衛禮賢（Richard Wilhelm）【48】悼文中，就第一次開創性地使用了共時性這個術語，而這是為了解釋中國的神諭之書《易經》（或《變化之書》）。這本書可追溯到西元前四千年。

二十世紀初，他偶爾讀到詹姆斯・理雅各（James Legge）[49]翻譯的英文版《易經》。他如癡如醉研究了整個夏天。開始的時候，他用的是一套複雜的程式：用四十九根蓍草杆分堆，然後根據固定的規則進行推演。後來，他採用了一種更簡單的拋分幣的方法：把三個硬幣連拋六次，每拋一次，就形成一組線。六次拋出的線，組成六十四卦中的一個「卦象」。每組線都對應於一個來自神諭的解釋。榮格和他的朋友們從卦象中獲得了積極有意義的答案，而榮格面臨的挑戰是如何回答前面提到過卻沒有解決的占卜法。

在為新版英譯本《易經》寫的序言中（很久以後的 1948 年寫的），榮格為他著迷於該領域受到的嘲弄做了辯解，因為這是一個看似不著邊際的領域：

生活中隨處可見的荒謬教會了我，即使與我們所有的理論（最好的理論也是短暫的）相悖，也永遠不要捨棄任何東西，或者就乾脆承認我們還無法立即對它做出解釋。我們不能肯定羅盤所指的方向將把我們帶到正確還是錯誤的方向，這固然令人不安，但四平八穩肯定不會有新的發現。我們也要用這種態度對待中國占卜法。[50]

對信奉量子力學的現代理論物理學家來說，世界的機械式圖景已經越來越成為一種迷信。[51]出於同樣的理由，對這些人來說，就連超心理學（至少就其最重要的分支而言），也被認為是一個正當的科學探索領域。的確，包立事實上把它描述為「介於物理學與心理學之間的邊界領域。」[52]

就榮格對超心理學，尤其是占卜方法的研究而言，他1928年與衛禮賢的密切交往是一個里程碑事件。他們一見如故，很快就建立起了友誼。那時候，衛禮賢在他博學的朋友勞乃宣的幫助下，在中國花了十年時間，剛剛完成了新版《易經》的翻譯及評注工作。

兩位學者對這本書以及卦象的解釋（對西方思維來說如此陌生）展開了頻繁的談論並交換了思想。在回憶這些談話時，榮格寫道：

感謝衛禮賢對《易經》中的複雜問題為我做了最寶貴的闡述，並對占卜結果進行了現實的評估……衛禮賢和我在蘇黎世的時候，我請他為我們心理俱樂部的處境卜一卦。我瞭解俱樂部的情況，而他卻一無所知，占卜結果的準確性令人瞠目結舌，對今後情況的預測結果也同樣令人震驚：占卜結果講述了後來發生的事，這是我自己也沒有預料到的。不過，我本人對這種結果並不感到吃驚，因為之前我就已經用這種方法測算到

了一些大事。【53】

很少從《易經》中尋求包含著實際預言的答案。更多的時候，卦像是用象徵性的語言描述占卜者自己都不清楚的心理狀態的，因為，這時候問卦者處於無意識中。對《易經》，榮格這樣說道：「它就像自然的一部分，等待著被發現。它既不提供事實，也不提供力量。不過，對有著自我知識和智慧（假如有的話）的愛好者來說，這似乎是一本好書。」【54】經歷了二〇年代的實驗期之後，榮格對《易經》不再那麼充滿科學的好奇心了，他只有在十分罕見的情況下，在特殊的時候、針對一個特殊問題尋求答案時才卜卦。出於對這本莊嚴之書的敬意，卜卦必須有節制，只有傻瓜才會反覆占卜，書中就有關於這種情況的一個卦象（卦四：蒙——初次占筮則告訴結果，再三占筮是褻瀆神明，褻瀆就不告訴他）。當榮格應邀為新版英譯本寫前言時，就屬於一種特殊情況。於是，他卜卦了兩次。第一次問的是，是否要寫這個前言。寫到過半時，他又問，他寫的東西是否正確。他對答案的分析幾乎占去了整個前言的四分之三。不帶偏見的讀者必然會承認《易經》的回答不僅睿智，而且有意義。

在為衛禮賢寫的紀念文章中，榮格用他剛創造的「共時性原理」這個術語，對這套占卜法作出了總結性的解釋：

《易經》的科學不是建立在因果原理上的，而是建立在迄今為止還沒有命名（因為我們不熟悉）的原理上的，我暫且稱之為「共時性」。很久以前，我對無意識過程中的心理學研究，迫使我去尋找另一種解釋原理，因為就我而言，用因果關係原理是無法對某些明顯的無意識表現做出充分解釋的。我發現，一些心靈對應物不能夠用因果關係將彼此聯繫起來，而必須用另一種原理將它們連接在一起。這種連接似乎本質上就處於相對同時性的事件中，於是我使用了「共時性」這個術語。【55】

榮格把《易經》中應驗的卦象解釋為共時性現象，這是一種「心靈與物質事件不可思議的對應。」【56】這是問卦人的主、客觀處境與卦象之間有意義的聯繫（通過對等物），卦象是由反映該處境的拋幣結果形成的。然而，別指望卦象與內外現實之間存在著有規則的對應。任何試圖證明其中存在著規律的做法都是徒勞的，因為在很大程度上，占卜結果取決於問卦人是否理解卦象的意義。卦象是以象徵性的、隱晦的、難以解釋的形式出現的，並且取決於問卦人是否相信答案的正確性。【57】榮格本人傾向於相信（無法證明，甚至也不想去證明）：「正確」答案「決不是偶然的，而是有規律的。」【58】他私下相信的這種結論與他自己的科學理論是不一致的：在任何情況下，共時性現象都應該被視為無規律的。他私下的相信應該被解釋或理解為是基於這樣的事實：只有在關鍵時刻，他才向《易經》求卦，正如將會顯示的那樣，關鍵時刻的先決條件就是一種非因果現象。

在對《易經》的解釋過程中，榮格也觸及了占星術的基本問題，特別是根據星相測性格，至今仍廣泛應用。最初，榮格認為占星術具有時間特性。正如品酒師可以絕對清楚地說出葡萄酒的出產日期和產地那樣，好的占星術士也能說清楚一個人出生時的太陽、月亮和上升的黃道宮位。之所以與時間有關，可能是因為一般認為，時間不僅僅是一種抽象概念與認知的前提，還必須將它理解為「充滿品質的能量流」，【59】因而時間的特性，特別是人出生時刻的時間特性，也加進了人的性格中，並可能構成他的命運。

古老的占星星座神話就表達了透過直覺所掌握到的時間特性。它們是最初的人投射到星星上的原型意象，是「無所不知的無意識」的無心之作。榮格（1960 年）在一封信中寫道：

我們必須牢記，不是我們在做投射，而是它們撞上了我們。這一事實得出這樣的結論：最早的時候，我們是從星星上第一次領悟到我們的身體，尤其是心理的。換言之，最遠的實際上就是最近的。正如諾斯替教猜想的那樣，我們是莫名其妙地從宇宙之外「收集」到我們自己的。

占星術具有時間特性，這一概念比其他任何概念都更有力地平息了反對把占星術作為一門嚴肅正當科學的爭論。也就是說，由於存在著分點歲差，黃道帶上星座的天文位置與占星術所計算出的星座位置是不一致的。這裡有必要解釋一下。3 月 21 日（vernal equinox），太陽升起的點，被稱為「春分點」。西元前二世紀，薩摩斯的希帕克斯（Hipparchus of Samos）把這一點定為白羊點。歲差就是春分點沿著黃道帶穿過十二宮，即從白羊座到雙魚座、寶瓶座等星座的緩慢運動。從春分點到走完整個黃道帶一周，需要花兩萬五千兩百年（柏拉圖年），也就是說，每穿過一宮至少需要兩千年（柏拉圖月）。我們的紀元一開始，是從白羊座進入雙魚座的，大約到本世紀中葉，它將從雙魚座進入寶瓶座。

因此，一個今天的人，如果他出生時太陽位於雙魚座的話，那麼根據占星術的演算法，他並不在雙魚座，而是在寶瓶座；如果按占星術算是寶瓶座的話，那麼按照天文學算，它卻位於摩羯座，以此類推。照此來看，占星術怎麼可能是對的呢？

假如占星術實際上是建立在星體及其影響上的話，那麼就有理由根據天文學來反對占星術。但根據榮格的早期觀點，這與是不是受到星體及其位置的影響無關，這不是一個因果關係的問題，而是一個共時性的問題。也就是說，與人出生時的特殊時間性質有關，正如在神話和原型意象中描繪的那樣，它是人生命中內在與外在事件非因果關係的同時發生。「無論在這個特定時刻誕生的人做了什麼，它們都具有這一時刻的特性。」[60]

榮格用了一個例子來解釋這個難以理解的時間特性概念。占星術確定的「白羊座中的太陽」（三、四月間）的時間，都具有春天的特性，時間上屬於春天，「不管實際上太陽處在天文黃道帶的哪裡，當我們說它是白羊座年代時，幾千年後，太陽實際上卻處於摩羯座，因而，儘管春天還沒有失去它的威力，時間卻已經是寒冬了（採用的是冬天的符號）。」[61]三、四月分的時間特性，或者占星術中所謂的「太陽在白羊座」，都是春天。星星的天文位置僅僅是出於人們測量和確定時間的需要，並沒有告訴我們時間的特性。一個古老的農夫法則：春天誕生的家畜與秋天誕生的家畜有著截然不同的習性。

1951 年，榮格對自己用共時性理論來解釋占星術開始動搖了。那一年，馬克斯・諾爾（Max Knoll）在瑞士阿斯科納（Ascona）的艾瑞諾斯會議上舉行了一次演講：我們時代的科學轉變[62]。他指出，由行星之間的合相、對分相和四分相，對從太陽中釋放出來的輻射質子產生的影響如此之大，以至於我們有相當大的把握來預測產生電子風暴（太陽黑子期）的可能性。既然太陽黑子期與死亡率以及在黑子期形成的「無線電氣候」干擾之間存在著對應關係，那麼就可能存在著真正的因果連結和直接影響。這些天文觀察證實了占星術始終認為的，行星之間的合相、對分相和四分相帶來負面的影響，而占星術所喜歡的三分相和六分相，則帶來正面的影響。[63]

這些因果關係的科學發現使榮格意外地瞥見了占星術的理論基礎。起初，他傾向於認為：占星術不同於那些建立在共時性基礎上的占卜方法，因為，根據新的發現，就不得不嚴肅地去考慮行星相位與人的心理、生理傾向之間存在著因果聯繫的可能性。他說：「占星術正在成為一門科學。」[64]

榮格後來修改了這個過分偏激的說法，認為在解釋占星術時，共時性和因果連接都應該考慮到。1958 年 4 月，他在一封信中寫道：「占星術似乎需要不同的假設，我無法做出非此即彼的選擇。我們或許不得不求助於混合解釋，因為大自然絲毫不在意我們智力思維範疇的純潔性。」

不管怎麼說，借助於傳統占星術的解釋而獲得的正面結果，由此產生的問題直到今天還沒有獲得令人滿意的答案。榮格去世後，科學界也沒有為解決這個問題做進一步的努力。

根據讀者的看法，榮格的《艾翁》（*Aion*）一書（1951 年）既可以當作一本占星術著作來讀，也可以視為共時性現象的證明。在某種程度上，它說明了雙魚座柏拉圖月與在此期間基督教精神發展的有意義巧合。雙魚座柏拉圖月開始於基督誕生的兩千年前，正如之前說過的那樣，我們現在正在進入寶瓶座的柏拉圖月。魚是基督的古老象徵。在春分點穿過雙魚座期間，紀元事件與歷史上的精神事件之間的對應性給人們留下了極為深刻的印象。在一個千禧年轉捩點上，恰好處在春分點到達第二條魚開始的地方，在此期間，我們看到了各種異端運動的崛起，它們——卡特里派（Cathars）、瓦勒度派（Waldenses）、阿爾比派（Albigenses）、菲奧雷的約阿基姆（Joachim of Flora）的聖靈運動（Holy Ghost Movement）以及其他教派既是對基督教的補償也是對它的破壞。儘管這一千年並不標誌著預期中的世界末日，但「第二條魚的王國」卻悄然而至。傳統上把這第二條魚的王國解釋為「反基督時代」（age of Antichrist）。沒人否認，我們經歷的世紀正處於該運動的高潮期。

榮格著手研究超心理現象的方法是：將大量相關的古今文獻與仔細觀察到的各個案例中呈現出的內外資料相結合。在研究占星術時，榮格不僅親自做統計實驗，而且還請人對占星術資料進行統計學上的評估。[65]然而，一般而言，統計學對榮格是次要的。在為范妮．莫瑟的書做的序中，他寫道：

確實，就像萊恩和其他研究者所做的那樣，借助於統計學方法，可以越來越充分地證明這種（共時性的）效果的存在。不過，對那種更為複雜的現象，由於其獨特本性，不允許我們使用統計學方法，正如已被證明的那樣，作為共時性補充出現的這類現象必然會毀掉後面發生的現象，因為統計學必然會消除偶然性，以及那些歸因於巧合的現象。因此，我們完全依賴於那些已獲得很好觀察和檢驗的個案。【66】

共時性現象如何發生？

什麼樣的環境有利於共時性現象的發生，這是一個特別的難題。從經驗上看，在原型事件（諸如死亡、疾病、危機、精神病發作）的周圍，共時性現象（表現為預言性的夢、預兆、心靈致動等）發生得更為頻繁。因為在原型情景中，人常常會產生強烈的情緒，似乎情緒本身就會招來共時性現象。事實上，由於情緒，或者說在情緒飽滿時，意識閾限較低，無意識及其內容（原型）占上風。換言之，比起處於冷靜、清醒的意識狀態，陷入相對無時空的無意識狀態中的人更容易經歷到共時性事件。這就是為什麼超自然現象在原始人的生活中，比起我們扮演著更為重要的角色，因為他們的意識還在緩慢發展中，與無意識還沒有明顯分開，因此，他們也具有高度發達的超感知覺天賦。這種天賦也可以從孩子們身上看到，但隨著他們的成長，建立起穩定意識後，這種天賦也會隨之消失。

那本著名的超心理案例的文集《生活中的幽靈》（由左爾尼、梅爾和波德莫爾〔Edmund Gurney, Frederic Myers and Frank Podmor〕編，出版於十九世紀末）【67】表明，大多數超心理現象與垂死或死亡有著明顯的關係，日後研究也證實了這種現象。死亡是一種強烈的顯靈（numinosity）的原型情景。這時候，無意識闖入生活，周圍的人無法逃脫得過它的力量。許多案例表明，這種力量甚至會波及到動物。伴隨著心靈反應的情緒導致意識結構變得越來越弱、越來越鬆散：作為強大死亡原型的信使，預言性的夢、預兆、幽靈便趁虛而入進入了意識。

有關情緒與非因果事件之間的聯繫，是個由來已久的話題。大阿爾伯特（Albertus Magnus, 1193-1280）【68】是最早的先驅之一。他認為，產生這種魔力影響的原因是**過度影響**（excessus affectus）。榮格傾向於認為，巫醫行醫時的所謂「真正魔法」是一種科學還無法解釋的能力：這是一種僅憑自己的意志就能喚起極端情緒的能力，這為共時性事件的發生創造了必要條件。【69】同樣，發自內心的、真正強烈的興奮，可能就是眾所周知的「靈魂出竅」的深層原因。這時候，意識具有兩種不同人格的意識。【70】

在榮格的回憶錄中，他記錄了一個自己處於高度興奮狀態下所經歷到的共時性現象。1909年，他去維也納拜訪佛洛伊德，興致勃勃地想聽聽佛洛伊德對預感和超心理現象的一般性看法，於是便問他是怎麼想的。佛洛伊德認為這一切都荒謬至極。榮格寫道：

正當佛洛伊德滔滔不絕的時候，我產生了一種古怪的感覺。好像我的橫膈膜是鐵做的，正在發紅發熱，變成一個灼熱的拱頂。就在那一刻，我們旁邊的書櫃發出一聲巨響，把我倆都嚇壞了，害怕這玩意兒會倒下來砸到我們。我對佛洛伊德說：「瞧！這就是一個所謂催生外化現象（catalytic exteriorization phenomenon）的例子。」

「得了吧，」他喊道，「這簡直是胡說八道。」

「不，」我回答說，「教授先生，你錯了。為了證明我是對的，我現在預言，過一會還會有一聲這樣的巨響！」果然，話音剛落，書櫥上又發出一聲同樣的巨響。

至今我也不知道，當時我為什麼會那麼確信。但我堅信不疑，還會再次發出響聲。佛洛伊德只是目瞪口呆地看著我。【71】

榮格處於高度興奮狀態，他的橫膈膜變成了「灼熱的拱頂」。顯然，他的意識已經陷入了無意識的相對時間領域，於是，即將發生的事便自己呈現了出來，使榮格立即知道即將發生什麼。

而在許多情況下，情緒只與內心察覺到的事件意象（死亡、事故）有關，而用超感知覺看到或預期到未來事件的人則不會產生情緒。這一事實為理解共時性現象的本質提供了線索。進一步的研究表明，情緒本身只是一種次要症狀。情緒可以出現在事件的觀察者身上，也可能與被觀察到的東西有關，或者根本不產生情緒。產生共時性現象的前提是原型的聚集，只有在把無意識（因而就是原型）推向前台的情況下，情緒才會成為決定性因素。

共時性現象與原型事件緊密相關。因為我們習慣於用因果關係來思考問題，誘使我們錯誤地把原型理解為超自然現象產生的**原因**。原始人幾乎將生活中的所有事情都解釋為是由「魔法因果律」（magical causality）造成的，這種結論建立在同樣的錯誤上。在現實生活中，必須把原型視為共時性現象的「安排者」。**原型是共時性現象產生的條件，而不是原因**。「心、物之間令人難以置信的對應」正是原型類心靈（psychoid，心物〔psychophysical〕）的表現：在「入侵」（transgressivity）【72】狀態下，類心靈是分裂的，它在這裡以心靈意象出現，在那裡又以外在事件出現，有時候甚至作為一種東西出現。充滿著矛盾的原型散布在共時性現象的各個面向。但這種分裂從來不會激烈到讓我們體驗不到它們潛在的統一性。確實，這完全取決於體驗到的意義，而意義正是共時性事件的顯著標誌。

我們知道，只有能夠區分清楚的東西才能成為意識。因而，必須把共時性現象（儘管已分為心靈和與之對應的物質事件，但仍然透過它們的對等物保持聯繫，從而構成了一個有意義的整體）視為進入意識的原型。一般而言，進入意識是一個內心靈（intrapsychic）過程：在個人的思想、夢和直覺裡，出現了明顯有區別性的東西。它不同於共時性現象。在這裡，進入意識的原型，在各個方面，無論是對立還是類似的東西，全都被撕成了碎片。它們透過心靈或非心靈的方式，在不同時間、不同地點顯現自己。這種奇怪的行為，或許可以透過這樣的事實獲得解釋：類心靈原型還沒有完全成為意識，而是以半意識、半無意識狀態存在的。因為有一部分還在無意識中，因而還處於相對的時空中。而已經滲透進意識的部分，從那時起，它的類心靈本性就已分裂為彼此可以區分清楚的兩個或多個相似的心靈與物質事件。這種剛剛進入意識的東西，對意識來說是完全獨特而令人困惑的，因此我們的理性會竭力拒絕去辨認其中原有的一致性。然而，在心靈的邊界地帶，也就是說，在無意識闖入的地方，我們就不再依賴於主宰著意識世界的那個清晰而有邏輯關係的聯繫了。

在大多數情況下，識別出潛藏在共時性現象背後的特殊原型情景並不難。正如我們常說的那樣，這些特殊的原型情景是死亡、即將發生的危險和事故。在榮格和佛洛伊德這個故事裡，原型情景就是他們之間的親密友誼即將結束。就像占卜術一樣，它也可以是盼望奇蹟的發生，期望知道不可能知道的東西。榮格認為，正是這種期望，構成了萊恩實驗的原型背景。一般說來，當實驗者開始感到厭倦，失去強烈期待的情緒時，已聚集起的原型情景又回到無意識，猜中率就會降低。甚至在那些平淡無奇的共時性事件中，多數情況下，都能發現背後的原型。路易莎・萊恩（Louisa Rhine）在她《大腦的祕密通道》（*Hidden Channels of the Mind*）【73】一書中講到過一個女孩：她曾準確地預見到她將會吃沒有煮過的類似義大利麵的東西，並且會有另一個女孩對她說：「這會讓你肚子鼓起來。」假如我們知道好奇、貪婪會使人馬上拿出立頓牌雞湯面來吃的話，那麼，我們就會再次清楚地看到隱藏在衝動背後的情緒。而「食品」、「饑餓」、「吃東西」這些詞本身，就為我們提供了找到它們原型背景的線索。這些詞都代表著與性同樣重要的原始本能。食物和性都深深地植根於無意識之中，它們都在形成神話和宗教的原型意象時發揮著作用。它們作為食神和愛神出現，並經由這種形式表現出本能的精神面。本能和意象是同一個原型的不同側面。上面這個例子還無意中暗示了一個古老神話或原型的觀念：因為吃而懷孕（「這會讓你的肚子鼓起來。」）。

心靈感應也必須被理解為共時性現象：儘管看上去是心靈內容的複製（接收者複製發送者的資訊），其實，它是心靈與物質事件之間的對應關係。而從心理學的觀點看，發送者與接收者是次要的。從根本上來說，這兩者都只不過是自發原型的工具，是兩個被安排出現在時空中的傀儡而已；或者，也可以把他們理解為原型情景劇中的共同主角。在這裡，人的意識思想和意志根本不起作用，因為即使任何東西都沒被有意識地「發送」，也會出現非因果關係的「安排」（遠距離複製另一個人的思想）。即使有時候，一種想法是刻意傳送的，它也與發送者的意志無關，只與接收者或發送者的情緒有關，而情緒是原型聚集的一種表現。

特別值得一提的是母親與孩子之間令人吃驚的心靈感應。這母子關係是原型情景最卓越的表現。在孩子出生後的很長一段時間裡，母子之間形成了一種身心聯合體，通常，這種強有力的心靈紐帶會貫穿整個童年。它既扎根於意識也扎根於無意識之中。因此，比起相互之間無意識聯繫薄弱、並且沒有處於一個或同樣原型情景中的人來說，母子之間只需要很小的刺激就可以激發出共時性現象。

另一種人際關係是心理分析師與被分析者之間的關係。

他們之間的無意識聯繫比一般人更為強烈，因為他們被捲入了原型情景。這種關係建立在無意識內容的投射（單方或雙方）上，佛洛伊德把這種現象稱為「移情」（transference）。【74】比起沒有被捲入原型情景的人來，處於移情關係（建立在原型基礎上，因而更接近無意識）中的人聚集起的共時性現象更多：更容易瞭解對方的想法和感受，因為他們更容易進入相對時空。【75】

共時性現象介於意識與無意識之間的中間地帶，介於可知與不可知之間，或者說，處於這個世界與榮格所謂的「超自然心物背景」之間。【76】可以說，意識和這個世界反映的，只是離散的表象世界，而我們必須把它們背後的種種理解為是聯結在一起的，構成了一個不可知的統一體。沒有時間的時間分為過去、現在和未來，沒有空間的空間分為多維空間；背後那個不可想像的心物統一體（更精確地說，背後的類心靈原型）分裂成了心靈事件和物質事件。在共時性現象中，隨著時間、空間、意象和物件的奇怪合併，原初的超自然統一體變成了可見、可體驗的東西；這種超自然的湧入令我們感到驚訝與恐懼。這是一種自然的矛盾，將實體合併在一起的一元背景現實還沒有完全分開，還沒有完全分裂成為我們的時間和空間。相反地，心靈和物質使用的是同樣的語言：表達的是不同的不可知原型，將心靈與物質結合起來的是「意義」──對人類的意識來說，它是先驗的，並且顯然與人無關，【77】或者，從廣義上來說，是「一種沒有因果關係的形態，一種『非因果秩序』」。【78】

共時性事件與無意識尤其是與原型關係密切，這一事實解釋了它們不可預測性。無意識內容的活動是一種自主的活動。這是分析心理學最近幾十年來最重要的發現之一。所有無意識的表現，包括超感知覺都來自自主的無意識內容，並且，正是這種自主性，賦予了無意識碎片化與不規則的表現特徵。只有在時空觀與因果率絕對有效的地方，才能保證事件的規則和可預測性。但正如我們一開始就指出的那樣，在意識與無意識邊緣地帶就不再是這麼回事了，就像在亞原子領域和宏觀宇宙中發生的事件一樣。由於遵循的不是因果律，共時性現象仍然是不規則、不可預測的事件。榮格最初認為，這些現象都是例外。然而，萊恩實驗的結果在某種程度上修正了這種觀點，在某種意義上，或許可以透過統計概率在一定程度上期待這種事情的發生。同樣，亞原子的行為取決於對它的觀察方式，這使得統計概率取代了嚴格的決定論。

共時性現象說明，存在著我們說過的那種非因果秩序，觀察心靈與被觀察的物理過程都受其支配。作為一種認知原則，形而上學領域的錨定秩序代替了共時性，並把它置於貫穿著自然科學的法則框架之內；這只是個特例，是今天的人們所猜想的，可能存在的一個包含內在世界和外在世界、精神和宇宙的超秩序。用榮格自己的話來說：「實際上我傾向於認為，狹義共時性僅僅只是普遍非因果秩序的特例，即，心靈和物理過程的等價物。」[79]秩序的一個方面就是如榮格所認為的，無意識中的**絕對知識**，或者說是「沒有任何因果基礎的『即刻』事件。」[80]榮格把它定義為「先驗的，無法用因果知識解釋的未知時刻的情景。」[81]史威登堡幻象中的斯德哥爾摩大火就是這樣一個例子。秩序的另一面就是我們之前提到過的先驗的、自足意義的假設。但這種假設是科學無法證實的領域。然而，這種客觀的超驗的意義卻讓我們得以窺見聖靈（numinosity），並且，宇宙秩序具有形而上學背景。

這是科學史上的重大事件：共時性解釋原理在物理學與心理學之間架起一座橋樑。在先驗秩序包含著物質與心靈的假設中，在物質與心靈之間的非因果連接中，物理學和心理學相遇了。包立寫道：

儘管，在物理學中沒有談到「自我繁殖原型」，只談到「具有初始概率的統計學自然法則」，從本質上說，這兩種假設都傾向於用為更寬泛的「連接」來擴展古老狹隘的「因果關係」（決定論）的觀念。這也是心物問題（即，共時性現象）的趨勢。這種趨勢讓我期待無意識概念將不會再繼續侷限在臨

床觀察的狹隘框架內，而是在觀察生活現象時，將科學的普遍潮流融合起來，這對這幾門學科來說都至關重要。【82】

物理學和心理學都已推進到了一個無法直接觀察的領域。必須認為，物理現象背後是一個本質上不可知的自主秩序；而心靈現象的背後是集體無意識，即原型。從本質上說，集體無意識是由不可知的秩序要素組成的。榮格推測，心靈與物質世界的背後，可能是同一個實體：「既然心靈與物質是被包含在同一個世界中的，而且彼此始終保持聯繫，並最終是以無法表達的超自然因素為基礎的。因此，這不僅是可能的，而且非常可能，甚至有可能，心靈和物質就是同一個事物的兩面。」【83】

共時性現象表明了超自然背後的心物統一體，這種統一體帶著自身的矛盾，從不可理解的領域出來，進入到意識領域。共時性現象要求我們建立一個更複雜的新世界模式，其中，非因果關係就像因果關係一樣，作為真實的存在而獲得承認。

認為因果關係構成了世界科學圖景的因果論者，將每樣東西都分解成單獨的過程，並刻板地試圖隔開所有的平行過程。假如我們想獲得關於這個世界的可靠知識的話，這種癖好是絕對必要的，但從哲學上來看，它的缺點是，打破或模糊了事件之間的普遍聯繫，從而使人們越來越難以看清楚相互之間存在著更宏大的聯繫，即，世界統一體。然而，每樣東西都發生在同「一個世界」上，並且都是世界的一部分。因此，每個事件肯定都有一個「先驗」的統一體。[84]

心靈與物理領域中具有自主「安排」的超類心靈原型，讓我們窺視到單一過程背後存在著多個事件的相互聯繫。尤其是，共時性暗示了：「不具有因果的事件之間也存在著相互聯繫或統一，從而可以假定，世界是一元的。」[85]

共時性原理把長期以來缺失的原則又帶回到現代思想領域，在我們這個分裂的、非黑即白的時代，成為了一種補充性原則。因此，其意義不僅在科學領域，也為重新回答世界秩序的哲學問題提供了基礎。

備註

【1】 榮格著《記憶、夢和反思》（*Memories, Dreams, Reflections*），由亞菲記錄整理，理查、克拉拉．溫斯頓（Richard and Clara Winston）譯（New York and London, 1963）。

編按：本書現行中文版為《榮格自傳：回憶、夢、省思》，由張老師文化出版。

【2】 他後來成為瑞士議員和《巴塞爾日報》（*Basler Nachrichten*）的編輯。

【3】 見瑞士心理學俱樂部編輯的 *Die kulturelle bedeutung der komplexen psychogie* (Berlin,

1935)。

【4】 《記憶、夢和反思》，p. 105-106。

【5】 見《精神病研究》（*Psychiatric Studies*）（見「選集」〔 Collected Works, 1 〕，後又見《榮格全集》〔以下以 CW 表之〕）。

【6】 見《榮格全集・實驗研究》（*Experimental Researches*, CW. 2）。同時可參見〈關於情節理論的評述〉（A Review of the Complex Theory），收錄於《心靈的結構與動力》（*The Structure and Dynamics of the Psyche*, CW 8）。

【7】 《精神病研究》（*Psychiatric Studies*, par. 136）。

【8】 同上，par. 65, and Fig. 2, p. 40。

【9】 見《心靈的結構與動力》。

【10】 同上，par. 600 and p. 9, n. 15 below。

【11】 見上。

【12】 參見〈心靈的本質〉（On the Nature of the Psyche），出處同上，pars. 368, 420, 439。

【13】 〈母親原型的心理面相〉（Psychological Aspects of the Mother Archetype），《榮格全集・原型與集體無意識》（*The Archetypes and the Collective Unconscious*, pars. 155, CW 9, Part I）。

【14】 參見亞菲（A.Jaffe）著《預知》（*precognition*, New York, 1963）。

【15】 《無障礙宇宙》（*Das uneingeschrankte Weltall*, Zurich, 1948）。該序言收錄在將要出版的《榮格全集》第十八卷（CW 18）。

【16】 *Spuk :Wahrglaube Oder Irrglaube*.（Baden bei Zurich, 1950）。榮格的這篇文章收錄進《榮格全集》（CW 18）。

【17】 《記憶、夢和反思》，p. 254-255。

【18】 見 95 頁 n.42 以下。

【19】 參見〈飛碟：天空中的現代神話〉（Flying Saucers: A Modern Myth of Things Seen in the Skies），收錄於《轉化中的文明》（*Civilization in Transition*, CW 10, pars. 597）。

【20】 同上。

【21】 〈克勞斯兄弟的奇蹟〉（Das Fastenwunder des Bruder Klaus），《新科學》（*Neue Wissenchaft*,Oberengstringen, Switzerland）。也收錄於《榮格全集》第十八卷（CW 18）。

【22】 史都華・愛德華・懷特（Stewart Edward White）：《無限宇宙》（*Das Uneingeschrankte Weltall*）的序文。

【23】 《記憶、夢和反思》，p.299。

【24】 見《心靈的結構與動力》。

【25】 London,1982.

【26】 見《心靈的結構與動力》。

【27】 同上，pars. 949-954。

【28】 卡爾・馮・弗里希（Karl von Frisch）：《蜜蜂的舞蹈》（*The Dancing Bees*），艾爾斯（D.Ilse）譯（New York and London, 1954）。

【29】 同上，pars. 957。

【30】 《記憶、夢和反思》第十章〈幻象〉（p.289-290）。

【31】 由衛禮賢翻譯成德文，凱利・貝恩斯（Cary F Baynes）翻譯成英文（New York, 1950, 2 vols.; 3rd ed. in 1 vol., 1968）。

【32】 關於這些實驗的簡述，見榮格著〈共時性：非因果連接原理〉（Synchronicity: An Acausal Connecting Principle），於《心靈的結構與動力》（CW 8, pars. 833ff）。

【33】 參見萊恩（Cf. Rhine）的《超感知覺》（*Extra-Sensory Perception*, Boston, 1934），以及《前沿陣地》（*New Frontiers of the Mind*, New York and London, 1937）。

【34】 〈飛碟〉（pars. 744）。

【35】 參 Cf. C. T. Frey-Wehrlin, ed., "Ein prophetischer Traum," Spectrum Psychologiae (Zurich, 1965), p. 249ff.。

【36】 〈共時性〉，pars. 819。

【37】 同上，pars. 849。

【38】 同上，pars. 958。

【39】 同上，pars. 876。

【40】 見《先知的夢：以形而上學的夢為例》（*Dreams of a Spirit-Seer, Illustrated by Dreams of Metaphysics*），戈威茲（E. F. Goerwitz）譯（London, 1900, Appendix II, p. 155f）。該附錄提到下面的康德給夏洛蒂・馮・克諾布洛赫的信。

【41】 參見歌德《詩與真》（*Dichtung und Wahrheit*, 1811-14, Part 3, Book 11）。

【42】 再版時增加了奧利佛（E.Olivier）的序和都奈（J. W. Dunne）的注解（London, 1948）。又可參見亞菲的《幽靈與預知》（*Apparitions and precognition*, p. 120ff.）。

【43】 《先知的夢》，Part Two, Section 1。

【44】 參見〈共時性〉，pars. 843。

【45】 見〈接近無意識〉（Approaching the Unconscious），出自專輯《人及其象徵》（*Man and his Symbols* ,London, 1964, p. 70-71.）。

【46】 榮格 1939-1949 年，蘇黎世聯邦技術學院講座「Psychologische Interpretation von

Kindertraumen」（供私人傳閱的油印速寫記錄）。這個夢又收錄在〈個體化過程研究〉（A Study in the Process of Individuation），出自《原型與集體無意識》（*The Archetypes and the Collective Unconscious*, par. 623）。在雅各比（Jolande Jacobi）的《情結、原型、象徵》（*Complex/Archetype/Symbol,* London and New York, 1959, p. 139ff）中有詳盡的討論。

【47】 參見榮格與包立合著的《自然與心靈的詮釋》（*The Interpretation of Nature and the Psyche*, New York and London）。

【48】 〈紀念衛禮賢〉（Richard Wilhelm: In Memoriam），收錄於《人、藝術和文學中的精神》（*The Spirit in Man, Art, and Literature* , CW 15）。

【49】 《易經》（東方聖書〔 Sacred Books of the East 〕16; Oxford, 1882）。

【50】 《易經》的前言，收錄於《心理學與宗教：西方與東方》（*Psychology and Religion: West and East*, CW 11, par. 1000.）。

【51】 參見 W.Heitler，*Der Mensch und die naturwissenschaftlicbe Erkenntnis.*

【52】 Wolfgang Pauli, Naturwissenschaftliche und erkenntnistheoretische Aspekte der Ideen vom Unbewussten, *Dialectica* (Neuchâtel), Vol. 8, 4, p. 283-301.

【53】 這段文字未收錄進英文版的《易經》前言中，僅見於未經修正的德文原版。又見《德文全集》（Gesammelte Werke, II, *Zur Psychologie westlicher und* östlicher *Religion*, p. 634-35）。

【54】 《易經》前言，pars. 1018。

【55】 〈紀念衛禮賢〉，pars. 84。

【56】 見《德文全集》，11, p. 638。

【57】 《易經》前言，pars. 974。正如榮格所言（同上），卦象「展示出的意義僅僅是種可能性……解卦，部分取決於卜卦者的主觀知識和客觀處境，部分取決於隨後發生事件的特徵。」

【58】 見《德文全集》，11, p. 635。

【59】 書信，1934 年 1 月。

【60】 〈紀念衛禮賢〉，pars.82。

【61】 括弧裡是亞菲做的補充說明。

【62】 見《人與時代》（*Man and Time*），選自艾瑞諾斯年鑒（*the Eranos Yearbooks*, Bollingen Series XXX; London and New York, 1957）

【63】 參見〈共時性〉，pars. 875。

【64】 《心靈的結構與動力》附錄（par. 988），〈論共時性〉（On Synchronicity）。

【65】 〈共時性〉，第二章：占星術實驗。

【66】 *Spuk: Wahrglaube oder Irrglaube?* p.11。

【67】 London, 1886, 2 vols.

【68】 〔編註〕大阿爾伯特為中世紀神學家、哲學家，提倡科學與神學和平並存，也是首位融合亞里斯多德學說與基督教哲學的學者。

【69】 〈共時性〉，pars. 859-860。

【70】 參見亞菲的《幽靈與預知》，p. 157ff。

【71】 《記憶、夢和反思》，pars. 155-156。

【72】 〈共時性〉，pars. 964。

【73】 New York, 1961, p. 221-22.

【74】 參見《移情心理學》（*The Practice of Psychotherapy*, CW 16）之〈心理治療的實踐〉(The Psychology of the Transference）。

【75】 參見邁爾（C. A. Meier）〈投射、移情、主客觀的關係〉（Projection, Transference, and the Subject-Object Relation），出自《分析心理學雜誌》（*The Journal of Analytical Psychology* , London, Vol. IV, No. 1 [January 1959]），以及格林（Celia Green）〈自發性病例分析〉（Analysis of Spontaneous Cases: 'Agent/Percipient Relationships），出自《社會化進程的心理分析》（*Proceedings of the Society for Psychical Research*, London, Vol. 53 [November 1960], p. 108-9.）。

【76】 《神祕合體》（*Mysterium Coniunctionis*, CW 14, par. 769）。

【77】 〈共時性〉，pars. 942。

【78】 同上，pars. 965。

【79】 同上。

【80】 同上，p. 856, pars. 912, 931。

【81】 同上，pars. 858。

【82】 對於包立的這段話：「Naturwissenschaftliche und erkenntnistheoretische Aspekte der Ideen vom Unbewussten」（Dialecticsi, p. 300-1），榮格這樣說道：「遲早有一天，核子物理和無意識心理學會更加接近，它們會從不同方向，彼此獨立地向超驗領域推進，前者用的是原子概念，後者用的是原型概念。」出自《艾翁》（*Aion* , CW 9, Part II, pars. 412.）。

【83】 《心靈的結構與動力》，pars. 418〈論心靈的本性〉。

【84】 《神祕合體》，pars. 662。

【85】 同上。

煉金術

榮格的研究方法是開創性的。簡單地說，就是將他自己的觀念、直覺和來自於他對患者們的觀察，與歷史上已有的證據做比較。這種方法讓他得以客觀地看待自己的心靈體驗與心理學上的發現，並使它們具有普遍有效性。在這方面，煉金術士們晦澀難懂、常常有些古怪的說法，起到了決定性的作用。主要是煉金術的用語和意象與他探索無意識所取得的成果之間的對應性，幫助他將自己的心理學置身於歷史視野之中，將之打造成為一門客觀科學。

在與佛洛伊德保持友誼與合作的 1907 年到 1912 年期間，榮格做了一系列意義重大的夢，這些夢用佛洛伊德的無意識概念（無意識是受壓抑心靈內容的蓄水池）去解釋，是無法令人滿意的。就在那時，一個更為寬泛的無意識（非個人的、自發性心靈內容的源泉：**集體無意識**）概念第一次在榮格頭腦裡產生了。與佛洛伊德分手後，榮格循著集體無意識的軌跡，開始從自己的無意識著手實驗。他用自己發展出來的「積極想像」法使自己全身心地投入了進去。[1]他讓心靈深處未知的內容浮現出來，不僅仔細地觀察它們，並且透過積極參與，將它們作為真實的東西與它們一起生活，感受、體驗它們。這些想像或幻象，形成了一個完整的、常常是具有宗教或神話性質的奇妙的意象世界。在這一系列迷一般充滿著激動人心的心靈戲劇中，他自己成為了其中的主角。然而，在那時候，這些意象和正在發生事情的意義，對他來說仍然是完全神祕的。

這次實驗開始於 1912 年底，大約持續到 1919 年。在這段開拓無意識森林的實驗階段，榮格有意識地與他同時代的科學世界隔離開來。而他把那些年稱為他一生中最重要的歲月，因為，在那段時期內迸發出來的幻想和意象，只要是充滿著情緒的，後來都在他的科學著作中得到了系統的概念性闡述。「它是我畢生工作的**原初物質**（prima materia）。」[2] 對這股「熾熱的岩漿」的科學處理過程，確實持續了很久。以後，大約花了二十年時間，榮格才在一定程度上理解了當時透過這些積極想像法所得到的東西。

他在《記憶、夢和反思》中寫道：

首先，我必須為自己的內在體驗找到歷史上對應的證據。也就是說，我不得不問自己：「我的這種特殊體驗過去在哪裡曾經發生過？」如果我沒有成功發現這種證據的話，那麼我就永遠無法證實我的想法。因此，與煉金術的相遇對我來說是決定性的，因為，它為我提供了我當時還缺乏的歷史基礎。[3]

不過，這個時期離榮格對煉金術真正感興趣還有很長一段距離。在他第一次偶然幸運地讀懂煉金術文本之前，在 1916 到 1926 年期間，他對諾斯替教做了全面的研究。諾斯替教徒們吸引他的是：他們面對的是「一個無意識的原生世界」。[4] 正如他以後將會發現的那樣，這也是煉金術士們面對的世界。然而，他並不滿足於對諾斯替教傳統的研究。一方面，它們至少距離他已經一千七、八百年了，要建立與它們的鮮活聯繫，在時間上相隔太遠。另一方面，能夠把諾斯替教與當代之間建立起聯繫的傳統對他來說也似乎中斷了。後來，榮格發現，其實可以把煉金術視為連接諾斯替主義與現代無意識心理學之間的橋樑。這一重要發現披露了，始終在地下流動著的文化流的歷史延續性從未中斷過。偉大智者們之間存在著一條連接鏈，在煉金術中被稱為「金鏈條」或「荷馬鏈」。從遠古時起，這些偉大的智者們為了發現世界的另一極，便開始了他們「不受歡迎、充滿未知危險的航行。」[5] 或者用心理學術語來說，他們致力於探索心靈蠻荒之地的神祕，並在意識與無意識之間的鴻溝之上架起一座橋樑。

1928 年，榮格開始了他的煉金術研究。在他進行實踐、科學研究並誕生主要作品的同時，他對自己無意識的研究也在悄悄進行。[6] 在這個實驗階段，他最重要的發現是：無意識發展的目的就是實現人格的完整。這個過程（榮格後來把它稱為「個體化」〔 individuation 〕過程）頻繁地藉由來自無意識中圍繞著中心繞行的意象展示自己。這個過程的目標（包含著意識與無意識的人的心靈總體，或「自性」〔 self 〕）也常常用一個圓，即靜態曼陀羅來表現。儘管他意識到這些圖形的重要性，但有很多年，對於不管是從自己的積極想像實驗中，還是從患者身上所洞見到的、與個體化歷程有關的曼陀羅所具有的意義，榮格都保持沉默。在他看來，他的研究成果似乎存在著多方面的問題。「我花了十五年時間所取得的成果似乎是得不到驗證的，因為自己不可能和自己比較。我知道，還沒有一種人類經驗可以在某個程度上印證我的發現。」【7】

來自古老東方的呼應

當漢學家衛禮賢寄給榮格一本他翻譯的中國道家煉金術手稿《黃金之花的祕密》（*The Secret of the Golden Flower*）時，事情發生了轉機。【8】衛禮賢請榮格為這份書稿寫一篇評論。【9】這本書在當時的歐洲鮮為人知，是一本關於中國古代密教的書，從唐朝（八世紀）起便以口頭方式傳播，其源頭可追溯到《黃庭經》【10】奧義。傳說這個密教的創始人是著名的道家煉丹術士呂嵒（呂洞賓），是民間傳說中的「八仙」之一。後來，這本書以手抄本的形式流傳，十八世紀才第一次付梓。1920 年，與《慧命經》（意識與生命之書）【11】合成一本，在北京又印了一千冊，這本小冊子當時在一個小圈子裡流傳，其中就有衛禮賢，那時他在中國做傳教士。【12】

榮格在他的回憶錄中寫道：

我馬上如饑似渴地讀起這份手稿，因為它意想不到地證實了我關於曼陀羅和圍繞著中心繞行的想法。這是打破我孤立狀態的第一件事。我開始意識到其中高度的相似性；我可以把人和事結合起來思考了。【13】

榮格意外地發現，這本基於冥想實踐的中國古代煉金術文本中，其中的心靈內容和心靈狀態的象徵性符號，與他從個人經驗以及他患者們身上所看到的熟悉事物有著驚人的一致。首先令他感到震撼的是曼陀羅的象徵：最意想不到的是，他所發現的「圍繞著中心的繞行」所呈現出來的東西與中國的「迴光」（circulation of the light）【14】概念之間的相似性。另一個意想不到的是，旋轉運動的目的也是為了通向個體化的人格發展運動。夢幻般的黃金之花，或者說，從中心點開始旋轉產生的盛開的光之花，就是真正的曼陀羅象徵。從心理學上說，是自性的象徵。

在男性的「雲一般的鬼」（魂）和女性的「白色的鬼」（魄），這兩個描述靈魂的概念中，榮格找到了進一步的相似性，他分別將它們對應於阿尼姆斯（animus）和阿尼瑪（anima）。【15】最接近的在於兩者所要達到的目的：通過冥想獲得「金剛不壞之身」，【16】象徵著心靈中心從自我轉向超個人精神，因此，冥想過程本身就包含著心靈的轉換，而榮格對此已經認識到，並把這種轉換作為個體化的目標來實踐：削弱自我有利於自性的完整，這恰恰也是西方煉金術士們在追求不朽之石，也就是哲人石（lapis philosophorum）的過程中尋找著的同樣東西。

西方冥想與中國修行者的意象觀念之間表現出的高度相似性，使榮格終於證實了他長期以來一直想要證實的集體無意識和原型觀念。無意識中的組織要素和結構形式可以用來解釋，為什麼所有種族和世界各地發現的神話主題與象徵之間，都具有相似性，有時甚至會發現完全相同的神話主題。榮格把這些象徵與意象主題稱為「原型的東西」。在實際生活中，其重要性在於，它們不僅促進了人類的普遍交流，事實上，假如沒有它們，人類就不可能普遍交流。認識到不同個體和不同文化背後的共同原型內容和主題，可以幫助人們更加理解與自己異質的東西。榮格把他對《黃金之花的祕密》的評注形容為「試圖在東、西方之間架起一座從心理上互相理解的橋樑。」[17]

榮格的發現與古老東方之間的相似性，也令衛禮賢感到驚訝欽佩不已。他用「在中國邂逅榮格」這句話來表達他的震驚。他寫道：

榮格與遠東智慧的相似性絕非偶然，而是來自內在的、對人生觀的高度一致……因而我在中國邂逅了榮格……中國智慧和榮格醫生都彼此獨立地接觸到人類集體心靈的深處，他們在那裡遇到的東西彼此看上去如此相像，這並不奇怪，因為中國智慧和榮格都根植於真理。這證明瞭只要挖掘得夠深，從任何地方都可以獲得真理，這位瑞士科學家與中國古代聖賢們之間的一致性表明，他們都是正確的，因為他們都發現了真理。【18】

儘管如此，榮格從未忘記強調人格的一面：只有對生活在不同歷史、文化、傳統以及社會構成和環境中的各種各樣的人來說，心靈的共同原型才能成為一個有意義的現實。心靈的後台（集體無意識和原型）到處都是一樣的，而出現在前台的意識的形態卻始終是獨特的，始終在用新的方式對原型形象進行合併或分解。

即心即物的煉金世界

《黃金之花的祕密》徹底喚起了榮格對煉金術的興趣。不久以後，他從一個慕尼黑書店老闆那裡為他的書房添置了第一本煉金術著作。那是一本1593年在巴塞爾出版的兩卷本的*Artis Auriferae*，彙集了約三十篇拉丁文論文。

從這本書開始，他很快就成了一個收藏家。日積月累，煉金術書籍和手稿就漸漸成了他書房的主要組成部分。他死後登記在冊的此類書籍和手稿就超過了兩百件。

在榮格的一生中，重要的事情常常會預先出現在夢裡。他發現煉金術也不例外。在回憶錄裡，榮格這樣寫道：

在我發現煉金術之前，我做了一系列的夢，這些夢反覆重複著同一個主題：我房子旁邊還有一間房，也就是說，還有另一間我不知道的偏房或附屬建築物。我在夢裡每次都會想，這間房顯然一直就在那裡，為什麼我卻不知道呢？最後我做了一個夢，在夢裡，我走進了這間偏房。我發現那裡有一個奇妙的藏書室，大部分是十六世紀和十七世紀的書。沿牆排列著用豬皮裝訂的、厚厚的大對開本。其中一些書裡夾著印有奇怪字體的銅版頁插圖，插圖中的古怪符號是我從未見過的。那時候，我還不知道它們指的是什麼，直到很久以後我才知道，它們就是煉金術的符號。這個夢讓我著迷的僅僅是這些書和整個藏書室的氛圍，並沒有意識到我夢見的是一套中世紀古本和十六世紀的印刷品。

未知的偏房……尤其是藏書室，指的就是當時我一無所知，但不久就會研究的煉金術。大約十五年後，我佈置的書房與我夢裡的那間幾乎完全一樣。【19】

這個夢可以追溯到 1925 年。到 1940 年，榮格的收藏已基本完成。他很清楚這些書的價值和稀有，這是他的一個快樂源泉。帶著一個真正收藏家的自豪，他一有機會就會向那些愛書的人炫耀他的書房。但他不是普通意義上的藏書家。他藏書不是為了收藏而收藏，而是為了這些書的內容。其中有兩本煉金術手稿的影印本：一本是來自萊登大學的 *Codex Vossianus Chmicus*，[20]另一本來自巴黎的法國國家圖書館（Bibliotheque Nationale）收藏的、十八世紀關於猶太人亞伯拉罕（Abraham le Juif）[21]的《象形符號之書》（*Livre des figures hieroglifiques*）。此外，還有現代作品，例如說，貝特洛（Marcellin Berthelot）[22]三卷本的《古希臘煉金術士著作集》（*Collection des anciens alchimistes grecs*，1893 年，巴黎出版）。

在對他當時一無所知的煉金術文本做心理解釋的過程中，榮格越來越理解到蘊藏在煉金術格言中的真理：「liber librum aperit」（一本書打開另一本書）。因此，他要研究全部的文本，儘可能多收藏。

榮格的藏書至今仍存放在蘇黎世郊區庫斯納赫特家寬敞的書房兼藏書室裡，自他去世就沒有變動過。[23]藏書室向學生們開放，但煉金術方面的收藏，因其稀缺性，只開放給個別有資格的人。

從根本上來說，比起那些明顯不同但又彼此關聯、浩如煙海、晦澀難懂的意象和描述，榮格並不在意這些思想屬於哪個煉金術士。從這個意義上來說，他的收藏對他來說是洞察心靈奧祕必不可少的礦藏。沒有哪本特別的書比其他的書更有價值。他根據當時的興趣和寫作主題的需要來挑選書籍。在榮格晚年，傑拉德・多恩（Gerard Dorn）[24]對他來說，比大部分煉金術士略微重要一點，這是一個十六世紀的法蘭克福人，是個博學的自然哲學家、醫生和帕拉塞爾蘇斯主義者（Paracelsist）[25]。多恩對於煉金術作品（opus）精神意義的深入思考、關於合體（coniunctio）的三個階段，以及**一元世界**（unus mundus）的概念，為榮格瞭解煉金術士們的工作意義提供了線索，並且為他《神祕合體》（*Mysterium Coniuntionis*）的最後一章提供了大量的細節。榮格最經常引用的是《哲人的玫瑰園》（*Rosarium philosophorum*，作者不詳），該書於1550年在法蘭克福第一次出版，[26]在*Artis Auriferae*第二卷中也收錄了這本書。榮格的〈移情心理學〉（The Psychology of the Transference）[27]就是對這部專著的文本和插圖所做的詳盡解釋。

三〇年代後期，在最初給我做心理分析的時候，有一次，榮格招呼我說，他要給我看個「祕密寶貝」。他從書架上取下一本薄薄的對開本遞給我。它被稱為《啞書》（*mutus liber*），只有圖畫沒有文字[28]，1677年出版於拉羅謝爾（La

Rochelle），這是我平生第一次接觸到的煉金術書籍。我們邊看圖片邊談論起煉金術來，就這樣度過了不按常規的分析時間。而這正是典型的榮格「方法」，這種方法會對人產生持久的影響。

榮格在他的回憶錄中告訴我們，他是怎樣找到打開煉金術晦澀的、謎一般語言的鑰匙的。

我花了很長一段時間，才找到破解煉金術思想活動迷宮的方法，因為阿里阿德涅（Ariadne）[29]並沒有把線放在我手上。在讀十六世紀的文本《哲人的玫瑰園》時，我注意到其中常常重複出現一些奇怪的表達和句子的轉折。例如說「解決和凝固」（solve et coagula）、「一艘船」（unum vas）、「原石」（lapis）[30]、「原初物質」（prima materia）、「墨丘利」（Mercurius），等等。我知道這些反反覆覆出現的表達方式是有特殊意義的，但我不清楚究竟在說什麼。因此我決定採用互相參照的方法開始編一本關鍵短語的詞典。在此期間，我搜集到了幾千個關鍵字和短語，有滿滿的幾卷。我按照語言學的思路展開研究，就像我正在試圖解開一種未知語言的謎團。用這種方法，我漸漸地熟悉了煉金術的表達方式。這項工作讓我樂此不彼地沉迷了十多年。[31]

經過對煉金術多年的研究，榮格於 1935 年第一次將他的發現公之於眾。在瑞士的艾瑞諾斯會議上，他做了題為「個體化過程中的夢裡象徵」演講，為出現在一個現代人夢裡的東西追索到煉金術裡的對應，次年，他又做了題為「煉金術中的救贖觀念」[32]的演講。這一系列在七年多密集研究期間所做的演講，在他關鍵著作之一的《心理學與煉金術》（*Psychology and Alchemy*）中，有著更為詳盡的闡述。艾瑞諾斯會議上的演講已經清楚地闡明，為什麼煉金術文本對研究無意識來說是一項重要的資源：不能把煉金術的工作（opus）理解成純粹的化學反應過程。它比一般認為的要深奧，它源於心靈。[33]

不過，對煉金術們士來說，物質仍然還是一種神祕的東西。這是一條心理規律：每當人面對未知事物時，無意識就會聚集起來。當以意象形式出現的、新的心靈內容與未知事物混合在一起時，就會看上去像獲得了生命和智慧一樣。這就是煉金術士們遇到的事。他們在現實中體驗到的物質部分，其實就是他們自己的無意識內容，對他們來說，他們在實驗室工作中體驗到的心靈部分，是以特殊的化學物質轉換形式出現的。按照榮格的說法，儘管可以把煉金術士們關注的物質，理解為「盡力誘導出化學轉換中的未知物質，但它同時（常常是顛覆性的）也是相對應的心靈過程的反應。」[34]因此，這使得煉金術士把另一種神祕的東西，投射到他試圖做出解釋的神祕的東西上，即，投射到他自己的未知心靈背景中。在描述每個步驟與內在轉化過程時使用的煉金術象徵符號，本身就是偽化學語言。「結果（除了化學物質之外），煉金術還成為了一門嶄新有趣的**集體無意識投射心理學**，獲得了與神話和民間傳說的同等地位。煉金術的象徵一方面與夢的象徵，另一方面也與宗教的象徵，都有著最為密切的關係。」【35】

當然，榮格渴望找到一些文本，能夠證明在複雜的煉金術過程中存在著非化學的東西。能夠表明，在古代大師們忙於用蒸餾器和熔爐生產出金屬黃金的同時，他們還知道物質轉換過程中的心靈背景和更深層的宗教意義。不久他就如願以償。在一本最古老，也是較晚發現的文本中，他偶然找到了煉金術過程中心靈面向的線索，發現其中有一段夢幻般的描述：在煉金術工作（opus）中，常常伴隨著夢遊般的體驗。九世紀的《克拉特書》（*Book of Krates*）【36】用夢的形式介紹了煉金術的全部教義。後來，在猶蘭（Abtala Jurain）的一篇晚期論文裡（據說，從衣索比亞文〔Ethiopian〕翻譯成拉丁文，再從拉丁文翻譯成德文）【37】，作者描述了自己如何透過將幾滴神聖的紅葡萄酒滴到精心準備好、裝有純淨雨水的容器裡，從而再現了創世紀的過程：「這一切是怎樣實現的，這種祕密不能大聲說出來，我也無權洩露。」【38】「用精神的眼睛去看或理解」，好多個作者都引用過這句話，其中就有十七世紀森迪沃久斯（Michael Sendivogius）[39]。他在他的論著〈新的光明〉（Novum lumen）中寫道：「上帝允許智慧的哲人透過大自然使隱藏在陰影中的東西呈現出來，從而得以去掉它們身上的陰影……所有發生的這些事，普通人的眼睛是看不到的，只有用探究的眼睛並透過想像，用真實的，並且是最真實的視覺才能看到它們。」[40]正如格言所說：「aurum nostrum non est aurum vulgi」（我們的金子不是普通的金子），在「看不見的石頭」（lapis invisibilitatis）、「哲人石」（lapis philosophorum）、「空氣石」（lapis aethereus）、「精靈石」（lapis est spiritus）之外還有至理名言：「tam ethice quam physice」（即心即物）和其他無數類似的隱喻，都再清楚不過地揭示出煉金術的精神方面。尤其是，煉金術士們始終不斷地反覆嘗試去描繪其中的奧妙，在描述物質的轉換時本身就使用了大量的宗教觀念，它們都暗示了存在著一個隱祕的守護神（numen），賦予了煉金術**宗教運動**的意義。這正是讓榮格最感興趣的地方。在他看來，心靈是「我們經驗領域中最黑暗、最神祕的地方，」[41]是神祕中最神祕的東西，是宗教象徵的起源。透過煉金術投射、冥想和煉金術士的幻象可以將這種奧祕管窺一二。

對煉金術士們來說，物質是顯靈（numinosity）的源泉。他們把物質看作是被禁錮而有待解放的神聖精神容器。對帕拉塞爾蘇斯主義者們來說，物質一旦獲得難以名狀的「創造力」（increatum），就與上帝同在同朽。[42]既然物質被認為是精神的，甚至物質本身就具有神聖性，那麼，毫不奇怪，煉金術士在實驗室裡的實驗、他的哲學思考、他夢遊般地沉浸於各種轉換之中，並腳踏實地檢驗其中的每個步驟，都有著宗教儀式的作用，即「神聖之作」（opus divinum）。榮格的〈煉金術中的宗教和心理學問題之導論〉[43]是他對心靈的創造性與宗教性最重要的貢獻之一。

榮格大半生都著迷於自然宗教中的靈魂（anima naturaliter religiosa）的主題。《心理學與宗教》[44]（1937 年，耶魯大學泰瑞講座〔Terry Lectures〕）是他在 1935 年艾瑞諾斯演講的基礎上對該主題的進一步發展。他的切入點是將在煉金術文獻中常見的原型主題與一個不懂煉金術的現代人的夢進行比較。[45]這種原型主題通過曼陀羅、分成四份的圓、四位一體等表現出來。這些出現在無疑帶著宗教特徵「大」夢中的圖形是有意義的，它們讓做夢人產生了「最崇高的和諧感」。[46]這些象徵和形狀同樣也給煉金術士們留下深刻的印象，一樣具有豐富的隱祕含義。尤其是，無論是在古老的還是在後來的文本中，**圓孔**和球體都被認為象徵著至高無上的宗教或精神現實，因此證實了榮格所發現的曼陀羅象徵及其意義的重要性：在西方和東方的煉金術中，圓都被認為是集體無意識的主要原型形象之一。對煉金術士們來說，它相當於不朽的哲人石，代表著夢寐以求的金子。不管是哪種形狀，它指的都是「難以獲得的寶藏」，是不得不實現的「tam ethice quam physice」。由分成四份的圓組成的四位一體，以及著名的化圓為方，都被認為是上帝的隱喻。乍看之下似乎有些奇怪，這種具有深刻宗教含義的象徵居然在煉金術思想中也佔有一席之地。這是因為煉金術被誤認為偽化學，因而掩蓋了煉金術士們的工作真正想表達的內容：它其實是對宗教的渴望。說到底，煉金術士們的物質神祕主義就是靈魂的神祕主義；從心理上來說，煉金術士們是被自己透過物質看到的無意識中的超自然意象和象徵迷住了。

在煉金術士們試圖描寫化學物質的成分、反應與轉換時，自然也會象徵性地間接提到他們夢幻般的體驗和宗教直覺。這解釋了那些稀奇古怪的概念和意象，有時簡直就是化學、哲學、宗教和褻瀆觀念意象的、幾乎難以破譯的大雜燴，也解釋了一些煉金術文本中為什麼會使用粗俗的語言。這也同樣解釋了，為什麼在古代作品中，其中的木刻和彩色插圖都充滿著粗鄙與異想天開的表達，給人以強烈衝擊。有意放肆儘量粗鄙是一種藝術風格，這在耶羅尼米斯・波希（Hieronymus Bosch）【47】那裡達到極致。

煉金術語言充滿著悖論，這種特徵可以解釋為：煉金術士們正在尋求表達的無意識內容，就像在夢裡朦朧地察覺到或體驗到的東西一樣，在被意識照亮的地方，才有可能獲得清楚的陳述，也就是說，只有理性思想才能說清楚概念和事實。只有透過悖論，才能充分地描述出進入無意識領域中的超意識。榮格說：「只有面對固定不變的東西才能形成毫不含糊的陳述，而面對超驗的東西，只能用悖論來表達」。【48】古代大師們透過想像和猜測，一直在試圖尋找或製造一種既是物質又是精神的東西。他們把它稱為「神祕物質」，他們試圖透過無窮無盡的悖論和二律背反去領會它。榮格藉著詮釋性的對比證明，這種「神祕物質」就是無意識的象徵。

審視基督宗教

儘管大多數煉金術士們都認為自己是好基督徒，但是，他們其中有些人還是認為「石頭的神祕」甚至比基督教的神祕更加崇高。十六世紀的煉金術作家希畢南西斯（Melchior Cibinensis）就把煉金術的工作（opus）比作彌撒，【49】而帕拉塞爾蘇斯據此證明自己是個真正的煉金術士，他認為「來自自然之光」的啟示等同於基督的啟示。【50】《黎明升起》（*Aurora Consurgens*）的第一部分就是說明煉金術具有宗教特徵的一個精彩絕倫的例子，該書涉及到《聖經》和基督教，據說是多瑪斯．阿奎那（Thomas Aquinas）【51】寫的。彙編本 *Artis*

Auriferae 只收錄了它的第二部分，而在第一部分的地方有個說明，是由印刷工人用拉丁文寫的，解釋了他拒絕印刷第一部分的原因，並以宗教的理由證明自己這麼做的正當性。在《心理學與煉金術中》，榮格概述了這個印刷工這麼做的原因。

他（印刷工）故意漏印這本書裡的寓言或寓言故事，因為對差不多《聖經》的全部內容，作者都是用蒙昧主義的方式（antiquo more tenebrionum）對待的：特別是《箴言篇》和《詩篇》，尤其是《雅歌》。他用這種方式暗示了聖經（Holy Scripture）的部分內容僅僅是為了讚美煉金術。他說，作者甚至透過把最神聖、神祕的道成肉身和基督之死變成神祕的原石（lapis）概念[52]，而褻瀆了前者——當然，正如印刷工維德克裡希（Conrad Waldkrich）所說的那樣，他這麼做沒有任何惡意，他隨時可以把第一部分印出來，而在那個蒙昧的紀元（seculum illud tenebrarum）只能期待。維德克裡希這麼說的意思是，前宗教改革時代關於人與世界的概念，以及在神祕物質中體驗到的神聖，都已徹底從他那個時代的新教徒的視野中消失了。[53]

煉金術神祕物質中，處於中心的上帝或精神意象絕不等同於基督教中至高無上的上帝概念。從數字上就能看出他們之間的不同：煉金術概念的特徵是四位元一體，與諾斯替教所說的「上帝在四中」【54】是一致的，而與我們在基督教概念中看到的神聖三位一體，在表達上有著重大的區別。煉金術關於神祕物質的思考緊緊圍繞著精神的觀念展開，這種精神體現在整個創世紀中，既體現在物質中，也體現在作為「自然與靈魂的仲介」（anima media natura）的人身上，它類似於諾斯替教所認為的起源，這種意象可追溯到被困在費西斯（Physis，物質）懷裡的努斯（Nous，精神）的古老神話。【55】

因其飄忽不定的特點，這種精神或「神祕物質中的神性」被叫作墨丘利。它還有其他一些名字：宇宙神（filius macrocosmi）、救世主（salvator）、靈丹妙藥（elixir vitae）、上帝之土（dues terrenus）和原石（lapis）。原石被理解是一種精神，煉金術神祕物質中的精神是一種冥界精神，不同於陽性的三位一體，它並不缺乏陰性元素。正是這個原因，在煉金術文本的插圖中，它常常以雌雄同體的形象出現，【56】這也暗示著它包含著黑暗元素，代表著黑暗與邪惡。比起基督教中明確的兒子相比，煉金術中的「兒子」（filius）是數不清的悖論，並被描述為自然母親的兒子。

因而，煉金術是以補償的方式出現在意識世界和基督教世界的，夢反映的固然是做夢者的意識狀態，但它除了本身的意識狀態之外，還常常與原生的無意識一起出現，就像一面鏡子一樣，反映的是基督教教義中崇高精神思想的黑暗面。此外，煉金術意象中還包含著被教條化的神學排除在外的，起源更早、來自更深層心靈且包含著大量原型和神聖的靈性元素。

煉金術和基督教意象之間的互補關係為榮格提供了一根通向迷宮般煉金術文獻和心靈荒原中原型世界的阿里阿德涅之線。在大量的論文中，他指出煉金術中的形象與基督教中的形象之間的類同與差異，並特別指出，在有關原石和基督教的陳述方面，兩者存在著鏡像般的驚人相似。原石也是一個救世主，「宇宙的救世主」。它的光征服了所有的光，它就是精神和肉體，它是被建築工丟棄的石頭，後來卻成了奠基石，但它也是上帝之土（deus terrenus），是大地之神，它不僅帶來光明也帶來黑暗。在《心理學與煉金術》一書中，「原石—基督之間的相似性」（The Lapis-Christ Parallel）這一章為理解煉金術們的虔誠以及與基督教的關係提供了線索。在其他地方，榮格還將彌撒中的轉換，與一個三世紀煉金術士帕諾波利斯的佐西莫西（Zosimos of Panopolis）所描繪的幻景中的轉換過程做了比較，指出了其中的相似性。[57]此外，他還將其他煉金術士的救贖觀念與基督教的救贖觀念做了對比。[58]

在煉金術的工作（opus）中，需要救贖的不是人而是物質，更準確地說，需要救出的是，被禁錮在物質中的精神、被禁錮在大自然中的黑暗。老練的煉金術士會親自冶煉混沌的原初物質，就像他一步一步地完成他自己的個體化工作（opus）一樣。[59]從心理學角度看，這項工作就是將個體化過程投射到化學物質的轉換過程。與煉金術過程一樣，個體化過程也是一項需要分階段完成的乏味工作：這種個體化過程是透過有意地與無意識合作而完成自我實現的過程，它使人獲得完整的、不分裂的人格，成為一個「完整的人」。煉金術「寶藏」的提煉過程，相當於把自性從無意識的黑暗和最初混沌中解放出來，或者說是將無意識變成意識的過程。

經過了許許多多個世紀，人類的意識才充分發展到不再將煉金術中的心靈投射到物質那裡，並認識到，心靈從一開始就是心靈。這是榮格所致力的大腦革命科學研究中了不起的成就之一。從概念上區分清楚投射與對象，或者說意象與對象，對他來說，任何一門普遍有效的學科都必須具備這種認識論的基礎。同時，正是對煉金術投射的研究，讓他開始著手一個全新的對集體無意識中原型內容的研究，並將他的研究置於人類幾千年發展的背景中。通過對現代人的無意識內容與煉金術內容（其歷史根源可追溯到埃及神話）做比較，他開始明白，原型意象描繪出的基本心靈，正是綿延了幾千年，並且還將繼續綿延幾千年的同樣的東西。只有在意識大腦與無意識發生聯繫的地方，我們才能辨識出其中的緩慢演化過程，追溯它的發展過程，就像一部「始於遠古時代的朦朧晨霧，並將世世代代綿延至遙遠未來的戲劇——相比之下，我們這個時代只不過一段小插曲。這部戲劇……是人類意識的黎明。」[60]

榮格的研究成果不僅在心理學中開創了一門獨樹一幟的心理學理論，也為心理治療實踐過程中產生的問題提供了更深刻的洞見。作為醫生，榮格每天都面對著如何解決人性中的「陰暗」和「邪惡」的同化問題，在煉金術中，融合問題佔據著絕對中心的位置，其象徵是龍、獨角獸、蛇、黑化（nigredo）和四位一體等等。他對這個問題投入了高度熱情，因為對他來說，融合問題不僅是一個宗教與道德問題，而且，在實際治療中，融合「陰影」（人格低劣的一面）也是最突出的問題之一。古老的數字困境貫穿於煉金術，他就從這裡著手觀察宗教的邪惡面：三位一體和四位一體之間的相互對立與相互作用，其中的「第四個」扮演了邪惡的角色。[61]在《答約伯》（*Answer to Job*）一書中可以找到關於這個主題明確的闡述。[62]

更進一步理解移情

另一個實際問題是佛洛伊德稱為的「移情」問題，榮格在煉金術基礎上對它重新做了更深層的解釋。對於出現在心理治療中的移情現象，佛洛伊德和榮格都做出了決定性的貢獻。在之前提到過的專著〈移情心理學〉中，榮格選取了《哲人的玫瑰園》中的煉金術插圖作為開始，來闡述人際關係問題以及心靈的關係。

儘管，《玫瑰園》中那些古怪甚至有些下流的畫面，並不是有意表現「移情」現象，但一般來說，這些無意識描繪出來的畫面是以色情關係為基礎的。榮格把描繪的這些各個不同「結合階段」與移情階段做了對比，從而得出結論：這幾個逐步轉換階段相當於個體化過程的不同轉換階段。

如果說榮格有一本作品是專門反駁單一人格的，以及用性來解釋人與人關係的話，那麼就是這部專著。在兩性結合的背後是自性，即，完整的原型，自性中既包含著人性的對立，同時又包含著對立的統一。這種雙重性和統一性，在煉金術形象化的語言中，就是成對相反的東西：例如國王（Rex）和王后（Regina）、亞當和夏娃、太陽（Sol）和月亮（Luna）、鳥與蛇；或者用更普遍的抽象概念來說，就是對立統一（coincidentia oppositorum）。在意識世界中，自性——超個人的矛盾統一體——是通過「我和汝」（Thou）的結合體驗到的，就像煉金術中太陽與月亮的結合。在「汝」被投射到（即，移情到）另一個人身上——在心理治療中，即，心理分析師——的情況下，移情關係至少可以使患者體驗到預期中的完整性，並有可能通過撤回投射獲得完整。因此，每個移情階段都標誌著心靈的發展，為治療提供了基礎。「撕下一貫的偽裝，露出人的真實面目。從這種心理關係中，人獲得了真正的新生。」【63】正是透過種種幻想逐步認識到了自性，考慮到了整體的各個方面，而從形形色色的移情中產生的內在人際關係，是一種擺脫了個人糾纏、置身於更為寬廣的超個人人際關係，這種微妙的心靈過程只能經由恰當的象徵才能獲得表達。在煉金術士們尋找金子或神祕的石頭時，也有些人不是單獨工作的，而是在神祕姐妹（soror mystica）的幫助下一起完成的。金子和石頭都代表著完整。

「化學婚禮」（unio mystica，神祕的結合）象徵著千變萬化的移情主題，傳統中的**神聖婚禮**（hierosgamos）象徵著移情主題無所不在：從古埃及，一直到《浮士德》卷二中的海倫插曲，它不僅仍活躍在現代人的無意識中（從夢、幻象與藝術創造中可以看出），並且，令人驚歎不已的是，基督教教義中也出現了這個主題。在教宗庇護十二世於 1950 年頒佈的聖母升天教義中，好幾處都間接地提到了「天堂婚禮」，【64】從而證明無意識的意象世界是如何一再重申它作為基督教精神世界黑暗對立面的永恆意義的。基督教精神世界和無意識世界的意象都涉及到**神祕合體**（mysterium coniunctionis）。

針對心靈的極性，煉金術中的主要意象是墨丘利，榮格在一篇專論中對墨丘利非凡的多樣性做過專門的討論。【65】由於「墨丘利的雙重性」與「既能成為物質又能成為心靈」

（utriusque capax）的特性，使它成了所有對立面的來源。因而煉金術士們給它起了各種令人困惑的名字，賦予了它似是而非的品質。「它是上帝、地下神、人、物，以及人身上最隱密的祕密。」[66]它的對立性，使它不僅包含著男和女、善與惡、光明與黑暗、意識與無意識等，而且，墨丘利的悖論使它具有更深層的含義，也更令人困惑。毫無疑問，它就是無意識本身的象徵，它的本性代表的就是固有的對立面。在煉金術傳統中，它既是物質的存在，又是精神的存在：它既是水銀，同時又是能力無比、難以捕捉的精神。

洞悉類心靈與一元世界

這種認識，使榮格不得不面對無意識心理學中一個最重要、也是最難的理論問題。針對無意識本性中的矛盾，更精確地說，針對原型意象[67]背後不可體驗、不可知（因為它是無意識）的原型本身，他提出了「類心靈」（psychoid）假說，即，「類心靈」不是純粹的心靈，它在一定程度上也是物質的與有機的。也可以說，它是「即能成為物質又能成為心靈」（utriusque capax）。

後來證明，這種類心靈原型與類心靈無意識的假說與微觀物理學領域的發現有著驚人的相似，而微觀物理學也同樣達到了經驗的極限。「微觀物理學正摸索著進入物質中不可知的一面，就像情結心理學（complex psychology）正推進到心靈不可知的一面那樣，」【68】微觀物理學同樣有必要假設存在著一種不可知的心物統一體。針對「觀察者與被觀察的對象都是主體」這種心靈事實，沃夫岡・包立提出了超自然的客觀「宇宙秩序」的假說。【69】內與外、心與物，都是同一個結構秩序下的呈現。馮・魏茨澤克（Carl Friedrich von Weizsäcker）斷言，物質「只不過是某種東西在現實中的客體化呈現，對這種東西，或許還是用我們經典哲學傳統中的『精神』（spirit）來命名更好。」【70】榮格本人則傾向於認為，「物質不可知的一面」與「心靈不可知的一面」具有共同的超驗背景：「這種超越我們經驗的，不可知的」物質與心靈或許是同一個東西，【71】生命的全部、我們內在與外在世界的多樣性，都「根植於這種潛在的統一。」【72】這種共同的背景是唯信仰論的，是無法探究的。它是「既心既物的，因而同樣也是非心非物的，既然從本質上說，它是超驗的，我們最好還是用中性的第三種東西去把握它。」【73】說得簡單些，所有現實中的東西都是「建立在一種既有物質性，又有心靈性的我們仍然未知的背景之上的。」【74】在榮格的回憶錄中，他又一次提到了這種超驗的一元現實觀念，榮格承認，這已「達到科學理解的極限，」【75】因而，他把《神祕合體》這本書稱為他的巔峰之作。

在這本書的最後，榮格在傑拉德・多恩的〈特里斯墨吉斯特斯自然史〉（Physica Trismegisti）和〈哲學冥想〉（Philosophia Meditativa）兩份煉金術文本的基礎上得出結論：[76]多恩所使用的**一元世界**（unus mundus），指的就是「第三種東西」，即，同時存在於物質與心靈中不可知的「中性」背景現實，**一元世界**是不可知的、悖謬的、歸於一元的世界，是超越微觀世界和宏觀世界的。假如有哪個煉金術士能夠成功建立起與一元世界的聯繫的話，那麼，「完美的**神祕合體**」就實現了。[77]墨丘利就是代表這個中性的第三種東西的神祕具體意象，它是個神祕的原型形象，兼有神性和靈性，用物質和精神的概念是無法領會其本質的。

到 1952 年，在榮格深入地研究共時性時，他提出，心靈與物質具有共同的超意識背景。他關於共時性的論文與包立的論文作為合本出版不是偶然的[78]。榮格所謂的「共時性現象」指的是：沒有因果關係的心靈和物質事件出乎意料的、有意義的同時發生：例如應驗的夢或徵兆，以及在不同地點、不同時間被預言到的事件。將內在事件和外在事件連接在一起的，是它們具有的相同內容，這是由於內在事件表現出的意義與從外在事件中感受到的意義是一致的。必須把性質不同卻具有相同意義，雖處於不同時空卻有著非因果連接的事件，歸之於構成無意識基礎的同一個原型，也正是這個原型「安排」了內在事件與外在事件的出現。它是不可知的「類心靈原型」，在意識世界裡，它是自身顯示出來的：它在這裡作為心靈事件發生，在那裡又作為物質事件出現。原型本身屬於集體無意識領域，這個領域是以唯信仰論世界為背景的：「既是物，也是心，因此，既不是……」。這是一種意識被分解到在無意識中還仍然保持統一的過程，從而溶解或模糊了在「同一個世界」中原本彼此關聯的事件。在榮格看來，有必要為共時性現象（彼此獨立的心、物事件之間的非因果關係的對應性）構建一個新的一元世界模式。在這個模式裡，原本無法統一的內在精神世界和外在物質世界不再對立，而是類心靈在現實中呈現出的兩個方面。這個全新的世界模式是榮格對煉金術士們古老的直覺視野之重建；因為，正如榮格指出的那樣，這個模型「更接近**一元世界**觀念。」[79]

除了**一元世界**，我們還曾提到過其他的煉金術概念：奧祕物質（arcane substance）、墨丘利、原石等，這些概念指的都是心物統一體。對煉金術士而言，工作中最重要的概念之一是**想像力**（imaginatio）：這是煉金術工作中須臾不可缺少的幻想活動。令人瞠目結舌的是，煉金術士把自己的**幻想活動**當作一種準物質的東西，是一種半精神的「精微體」（subtle body）。因此，精微體具有類心靈性質，正是它們構成了一個既屬於物質又屬於心靈的中間領域。由於**想像力**的神祕性及其含義的多樣性，榮格說：「它或許正是打開作品（opus）之謎最重要的鑰匙。」[80]

「精微體」，有時也稱為「呼吸的身體」，是一個可追溯到古典時期的原型觀念。波塞冬尼奧（Poseidonius）、普羅提尼（Plotinus）、普羅克洛斯（Proclus）、修斯（Synesius）以及後來的帕拉塞爾蘇斯[81]都使用過這種觀念。一些煉金術士依靠**想像力**，在他們堅持不懈地尋找和轉換未知神祕物質的過程中，提出了精微體的觀念。投射時，心靈與物質是被當成同一樣東西來體驗的，因此，毫不奇怪，當人們將物質從心靈投射中解放出來，開始研究心靈自身原因，並從煉金術中發展出化學與物理之後，作為中間領域的精微體便在人們的視野中消失了。同樣，一旦煉金術士認識到，他所知道的東西，其實都是心靈的東西時，精微體的觀念註定會失去它的意義。

然而，這種過於簡單的，因而也是有侷限的科學態度是無法持久的，儘管這種科學觀仍然還是現代人的普遍看法，榮格卻看到了它的末日。

當物理學觸及到「不可企及、不可理解的領域」時，心理學也同時認識到，除了透過個人意識接收到的東西之外，還有以其他形式存在的心靈生活，也就是說，當心理學也觸及到無法理解的黑暗時，精微體這個中間領域又重新獲得了生命，物理學與心理學又再次成為不可分開的一個整體。今天，我們正面臨著這樣的轉捩點。[82]

上面這段話表明，無論對心理學還是對物理學來說，這個時刻事實上已經到來了。心理學中的集體無意識與原型本身就構成了一種實質上「無法穿透的黑暗」。透過提出原型具有類心靈性質以及類心靈背景的中性領域這兩種假說，榮格認識到了這一點。在類心靈和中性領域這兩個概念中，「物質與心靈又再次融合成一個不可分割的整體。」

為了闡明醫學中說不清道不明的地方，邁爾（C. A. Meier）採納了精微體的觀念；但即使到今天，身心關係仍無法獲得令人滿意的解釋。

究竟是心靈影響了身體，還是身體影響了心靈，這都是說不清楚的，既然無法用因果關係做出解釋，邁爾便提出了一個頗有建樹的觀點：把身心關係視為共時性現象。[83]組織要素就是整體原型，這種整體原型既是物也是心，因而，可以把它認為是一種精微體。邁爾說，共時性「預先假設存在著一種比人體細胞（soma）和心靈更高的**第三者**（tertium），它負責身心兩方面的症狀，這就是『精微體』大致的理論。」[74]治療者的任務就是採取措施，「以便讓象徵著更高秩序（總體原型）的『第三者』出現。」[85]

邁爾也讓人們注意到，或許可以用精微體的存在來解釋一個迄今為止難以解釋的實驗結果。捷克生理學家費加爾（S. Figar）曾做過一個實驗：把兩個互不知道對方存在的人分別關在兩個房間，給他們前臂分別接上聲波震盪儀。對第一個房間裡的人進行精神刺激，將他聲波震盪儀上的反應記錄下來。令人吃驚的是，另一個房間的對這一切毫不知情的那個人的聲波震盪儀所顯示出的圖形，與第一個人的明顯一致。【86】美國對費加爾實驗方法做了改進，透過不同的主題反覆驗證，費加爾的發現得到了徹底的證實。

用因果關係解釋就是：透過對第一個人進行精神刺激而產生的想法和「想像」形成了精微體，精微體在第二個人身上引起了可測量到的生理變化。而用共時性原理來解釋，得出的結論則是：原型中的類心靈元素本身就是精微體，而精微體正是透過相對應的心物事件顯示自己或「安排」自己的。

這個現象與煉金術半物質半精神的**想像**（imaginatio）概念一致。正是憑藉靈魂，才使想像能夠產生出「身體之外的、許多最深不可測的東西」。【87】森迪沃久斯（Michael Sendivogius）說：「使人有別於其他動物的是靈魂，而靈魂不僅掌管著人的身體，還對身體之外的世界發揮著更大的作用，因為它是用絕對力量主宰身體之外的世界的。」【88】

恕我直言，煉金術士們的推測已經觸及對世界的深奧理解，而科學才剛剛起步。尤其令人震撼的是，儘管完全缺乏現代科學的共同假定，但他們還是各自不約而同地預見並建立起幾個世紀後才能夠被證實的哲學思想。如此偉大的知識寶庫不是一夜之間就獲得的，儘管它或許就隱藏在心靈的背後。因此，榮格對煉金術的解釋與洞見，有助於我們理解這些古代大師們的性格和性情。煉金術士們的勞作與想像，讓我們看到他們為煉金術而投入的熱情、虔誠與耐心。

假如榮格與技藝精湛的煉金術大師們之間沒有相似的經歷，那麼煉金術也就不可能為他的無意識研究提供如此廣泛的基礎，也不可能使煉金術在驗證他的洞見時作為歷史試金石，扮演決定性的角色。「在某種意義上，煉金術士們的經驗就是我的經驗，他們的世界就是我的世界。」[89] 1912 到 1919 年，在這段關鍵性的時期，他的無意識實驗就是真正的煉金術的**想像**。「我度過的那段歲月，就相當於煉金術的轉換過程。」[90]他透過無窮無盡地放大材料對浩如煙海的煉金術文本所做的分析和解釋，最終，在完整統一的世界圖景裡達到了輝煌的頂峰。可以說，他忠實地貫徹了煉金術士的忠告：「solve et coagula」。這句話或許可勉強被譯為：「分散，集中！」

甚至在榮格還是個孩子時，他就有了「他的石頭」。他在石頭上一坐就是幾個小時，困惑於一個問題：哪個才是

「我」？是思考問題的他，還是坐在石頭上的小男孩，還是這塊石頭。很多年裡，只要坐在他的石頭上，就會產生「奇妙的安寧」，「這塊石頭千百年來始終未變，而我只是匆匆過客。」【91】對榮格來說，這塊石頭「是無盡的神祕存在，是精神的化身，而包圍著它的也是同樣無窮無盡的神祕存在。」他就像石頭一樣：「兩者都具有神聖性，只是一個沒有生命，另一個是有生命的東西。」【92】在蘇黎世湖上游、榮格波林根【93】鄉下的家裡，有一塊立方體的石頭聳立在他的塔樓前，上面是他親手鐫刻的、神諭一樣的銘文。臨終前，他最後做了一個令他感到寬慰的壯麗的夢，他夢見了原石：他看到「高原上聳立著一塊巨大的圓石，石頭的底部刻著這樣的文字：『這將成為你完整與統一的標誌。』」【94】

然而，與煉金術士們不同的是：令榮格終身著迷的不是物質而是心靈。對榮格來說，作為一名科學家，心靈就是嚴格的實證研究對象；作為一名醫生，他透過最深刻的理解來拯救心靈；而作為一個人，榮格是他自己的主人，但同時也是她（心靈）轉換的僕人。

備註

【1】 參見〈超越功能〉（The Transcendent Function），出自《心靈的結構與動力》（*The Structure and Dynamics of the Psyche*, CW 8, pars. 167ff）。另參考《分析心理學：理論與實踐》（*Analytical Psychology: Its Theory and Practice: The Tavistock Lectures* [London and New York, 1968], p. 190ff）

【2】 榮格著《記憶、夢和反思》（*Memories, Dreams, Reflections,* p.199），由亞菲記錄整理，理查、克拉拉・溫斯頓（Richard and Clara Winston）譯（New York and London, 1963）。

【3】 同上，p.200。

【4】 同上，p.200。

【5】 同上，p.189。

【6】 參 La Structure de l'inconscient（1916） 和 *Die Psychologie der Unbewussten Prozesse*（1917）的修正擴充版，後命名為《關於分析心理學的兩篇論文》（Two Essays on Analytical Psychology, CW 7，也參見附錄）；《心理類型》（1921）。

【7】 《黃金之花的祕密》，德文第二版前言（1938），也可參見布萊恩（Cary F Baynes）譯的英文版（New York, 1962, p. xiii），又見《煉金術研究》（*Alchemical Studies* , CW 3, p.3）。

【8】 德文原版，1929 年出版。

【9】 見德文原版《黃金之花的祕密》的評述。英文版（1931/1962），以及《煉金術研究》。

【10】 〔編註〕指《太上黃庭內景玉經》和《太上黃庭外景玉經》，約出於魏晉之際的道教經典，主張固守精神，則身形可以長存。

【11】 〔編註〕《黃金之花的祕密》一書收錄了道教典籍《太乙金華宗旨》、《慧命經》的譯文。

【12】 參見《黃金之花的祕密》（英文版，1962 年）第 3 頁及以下。以下談到這本書時指的都是這個版本。

【13】 《記憶、夢和反思》，p. 197。

【14】 《黃金之花的祕密》，p. 30-53。又見《煉金術研究》，pars. 31ff。

【15】 《黃金之花的祕密》，p. 115ff；又見 p. 14-15；《煉金術研究》，pars. 57ff。

【16】 《黃金之花的祕密》，p.98；《煉金術研究》，pars. 28-28。

【17】 《黃金之花的祕密》，p.136；《煉金術研究》，pars. 83。

【18】 衛禮賢，〈我在中國邂逅榮格〉（Meine Begegnung mit C. G. Jung in China, Neue Zürcher Zeitung, 21 January 1929）。

【19】　《記憶、夢和反思》，p. 202。

【20】　這個抄本中的插圖見《心理學與煉金術》（CW 12, figs. 9、17、20、38、90、99、129、140、152、201、241）。

【21】　同上書，figs. 217。

【22】　〔編註〕馬賽蘭．貝特洛（Pieltte Engene Marcellin Berthelot，1827-1907）為法國著名化學家，撰寫過大量化學史專著，並擔任過法國教育與藝術部長和外交部長等職。

【23】　他的寫字台就在這個房間，他通常在這裡接待病人和朋友。一扇窗戶和一扇玻璃門面對朝向東南的狹窄陽台，看得見花園背後的湖光山色。在晴朗的下午，陽光曬進房間。煉金術書籍擺放在光線照不到的窗戶與玻璃門之間的牆上。一扇貼有漂亮的綠色瓷磚的大門通往另一個較小的書房。如今，這幢房子住著榮格的兒子，建築師法蘭茲．榮格（Franz Jung）。

【24】　〔編註〕傑拉德．多恩（Gerard Dorn），十六世紀比利時哲學家、翻譯家、煉金術士。

【25】　〔編註〕帕拉塞爾蘇斯（Paracelsus）是中世紀德國文藝復興時的瑞士醫生、煉金術士和占星師。他將醫學跟煉金術結合，首創化學藥理，奠定醫療化學的基礎。

【26】　它構成了 *De Alchimia opuscula complura* 一書的第二卷。

【27】　收錄於《心理治療實踐》（*The Practice of Psychotherapy*, CW 16）。

【28】　這些插圖見《心理學與煉金術》中（figs. 2、22、113、124、132、133、143、161、215、237、269）。

【29】　〔編註〕阿里阿德涅（Ariadne），古希臘神話人物，為克裡特國王之女。她愛上了雅典英雄特修斯，並且在工匠代達羅斯給予的一條線的幫助下使其殺死了囚禁於迷宮中的半牛半人妖怪。

【30】　〔編註〕Lapis 在拉丁文有「石頭」之意，在此亦有精神與物質、光明與黑暗的原型融合意象。

【31】　《記憶、夢和反思》，第 205 頁。

【32】　《艾瑞諾斯年鑒》（1935 and 1936 [Zurich, 1936 and 1937]）。

【33】　關於煉金術中的心靈方面，早在榮格之前，西爾伯勒（Herbert Silberer）在他的著作《神祕主義及其象徵的問題》（*Problems of Mysticism and its Symbolism,* Vienna, 1914）一書中已對此做過討論（由加勒費〔 Smith Ely Jelliffe 〕翻譯〔 New York, 1917 〕）。

【34】　《心理學與煉金術》，pars. 40。

【35】　由蘇黎世的古籍書商齊格勒（K. A. Ziegler）發行，榮格（用英文寫）作序的煉金

術書籍目錄。重印於《煉金術與玄學》（*Alchemy and the Occult*），選自保羅和瑪麗・梅隆・拉爾（Paul and Mary Mellon）手稿收藏書籍目錄（Yale University Library, 1968, Vol. I, p. vii.1968）。

【36】 見貝特洛（Berthelot）的《中世紀的化學》（*La Chimie au Moyen Âge*, Paris, 1893, Vol. Ill, p. 44ff）。又見《心理學與煉金術》（pars. 349, n. 7）。

【37】 這本書的全名是 *Abtala Jurain Filii Jacob Juran,Hyle und Coabyl,aus dem Aethiopischen ins Lateinische,und aus dem Lateinischen in das Teutsche ubersetzt von Johann Elias Muller*（Hamburg, 1732）。

【38】 《心理學與煉金術》，pars. 347。

【39】 〔編註〕森迪沃久斯（Michael sendivogius），中世紀波蘭的煉金術士，哲學家和醫學博士，是化學的先驅。

【40】 同上書，p. 350，選自 *Musaeum Hermeticum*（Frankfort, 1678），p. 574。

【41】 同上書，pars. 2。

【42】 《神祕合體》，pars. 766。

【43】 《心理學與煉金術》，Part I。

【44】 見《心理學與宗教：西方與東方》（*Psychology and Religion: West and East*, CW 11）。

【45】 這裡討論的夢，後來作為系列夢發表在《心理學與煉金術》的第二部分。

【46】 同上，pars. 309。

【47】 〔編註〕耶羅尼米斯・波希（Hieronymus Bosch），十五至十六世紀荷蘭畫家，畫作多在描繪罪惡與人類道德的沉淪，被認為是二十世紀的超現實主義的啟發者之一。

【48】 《神祕合體》，pars. 715。

【49】 參 Addam et processum sub forma missae，出自《化學劇場》（*Theatrum Chemicum*, Vol. Ill [1602], p. 853ff.）。關於該文的概要，見《心理學與煉金術》，pars. 480ff。

【50】 參見《煉金術研究》，pars. 148-150：〈作為精神現象的帕拉塞爾蘇斯〉（Paracelsus as a Spiritual Phenomenon）。

【51】 該手稿現存幾份不同的樣式：雷納努斯（Johannes Rhenanus）印刷的 *Harmoniae inperscrutabilis ahymico-philosophicae Decades duae*（Frankfort, 1625）。馮，法蘭茲（M.-L. von Franz）將「黎明」（*Aurora*）一書翻譯成德文並做了注解，作為榮格《神祕合體》的輔助性讀物一起出版。英譯本的書名為《黎明升起：一份被認為是湯瑪斯・阿奎那寫的關於煉金術中對立問題的文獻》（*Aurora Consurgens: A Document Attributed to Thomas Aquinas on the Problem of Opposites in Alchemy Aurora Consurgens*）。該書作為波林根叢書（Bollingen Series）第 LXXVII 卷（New York, 1966）。有關手

稿的問題，p. 25ff。

【52】〔編註〕參考註 30。

【53】pars. 464。

【54】參見雷瑟岡（H.Leisegang），〈巴貝羅—諾斯替〉（Die Barbelo-Gnostiker），出自《諾斯替》（*Die Gnosis*, Leipzig, 1924, p. 186ff）。

【55】參見《心理學與煉金術》，pars. 410。

【56】同上，figs. 125。

【57】《心理學與宗教：西方與東方》（*Psychology and Religion: West and East*）中的〈彌撒中的轉換象徵〉（Transformation Symbolism in the Mass），以及《煉金術研究》中的〈左西莫斯的幻象〉（The Visions of Zosimos）。

【58】參見《心理學與宗教》，Part III, chaps. 3 and 4。

【59】同上，pars. 414ff。

【60】同上，pars. 556。

【61】參見《心理學與宗教：西方與東方》中的〈從心理學角度看三位一體教義〉（A Psychological Approach to the Dogma of the Trinity），特別是第五章。以及《艾翁》（CW, 9, Part II），特別是第五章。

【62】見《心理學與宗教：西方與東方》。

【63】《心理治療實踐》中的〈移情心理學〉，pars. 420。

【64】教宗庇護十二世的《信徒典章》（*Munificentissimus Deus*）第 22 條：「受到天父贊許的新娘，她的位置在天庭。」第 33 條：「當這一天到來時，聖母瑪利亞被抱進天堂的洞房時，他也同時被批准登上方舟。」見〈答約伯〉（Answer to Job, CW, 11, par. 743, n. 4, and Chap. XIX）。

【65】《煉金術研究》〈精神上的墨丘利〉（The Spirit Mercurius）。

【66】同上，〈哲人樹〉（The Philosophical Tree），pars. 481。

【67】《心靈的結構與動力》（CW 8）〈論心靈的本性〉，pars. 417ff、pars. 439ff。

【68】《神祕合體》，pars. 768。

【69】〈原型觀念對開普勒科學理論的影響〉（The Influence of Archetypal Ideas on the Scientific Theories of Kepler），出自《自然與心靈的詮釋》（*The Interpretation of Nature and the Psyche*, London and New York, 1955），p. 152。

【70】〈對未來科技世界的思考〉（Gedanken zur Zukunft der Technischen Welt, *Neue Zurcher Zeitung*, 10 October 1967）。

【71】《神祕合體》，pars. 765。

【72】同上，pars. 767。

【73】 同上，pars. 768。

【74】 〈飛碟：天空中的現代神話〉（Flying Saucers: A Modern Myth of Things Seen in the Skies），出自《轉換中的文明》（CW 10, pars. 780）。

【75】 《記憶、夢和反思》，p. 221。

【76】 出自《化學劇場》（Vol. I, 1602, p. 405ff. and 450ff.）。

【77】 《神祕合體》，pars. 767。

【78】 見榮格的〈共時性：非因果連接原理〉一文的修正版，再次發表在《心靈的結構與動力》（*The Structure and Dynamics of the Psyche*）中。

【79】 〈飛碟〉，pars. 780。

【80】 《心理學與煉金術》，pars. 396。

【81】 參見邁爾（C. A. Meier），〈從榮格的觀點看身心醫學〉（Psychosomatic Medicine from the Jungian Point of View），發表於《分析心理學雜誌》（Journal of Analytical Psychology, London, Vol. 8, No. 2, July 1963, p. 111-12）。

【82】 《心理學與煉金術》，pars. 394。

【83】 同上，邁爾，p. 113-114。

【84】 同上，p. 116。

【85】 同上，p. 117。

【86】 同上，p. 112-113。又參見費加爾（S.Figar）〈利用體積描記法研究所謂超感知覺的客觀性〉（The Application of Plethysmography to the Objective Study of so-called Extrasensory Perception），載於《心理研究社期刊》（*Journal of the Society for Psychical Research*, Vol. 40, 1959, p. 162-172）。

【87】 《心理學與煉金術》，p. 396，引用森迪沃久斯（Sendivogius）的話，就「De sulphure」，見 musaeum hermeticum（Frankfort, 1678），p. 601ff。

【88】 “De suphure” p.617: “anima autem, que homo a caeteris animalibus differt,illa operator in corpore, sed majorem operationem habet extra corpus; quoniam absolute extra corpus dominator.”

【89】 《記憶、夢和反思》，p. 205。

【90】 同上，p. 209。

【91】 同上，p. 20、42。

【92】 同上，p. 68。

【93】 同上，p. 226ff。又見 Plates VI / VII。

【94】 塞拉諾（M. Serrano）著，《榮格和赫爾曼．赫塞》（*C. G. Jung and Hermann Hesse* London, 1966），p. 104。

榮格與國家社會主義

卡爾・古斯塔夫・榮格不斷地被人指責為一個反猶主義者或納粹同情者，甚至直到今天，這些譴責聲仍甚囂塵上。反覆指責的焦點主要集中在，當納粹奪取政權後他對於猶太人的態度：他接受了所謂德國心理治療協會（German Society for Psychotherapy）會長一職，並出任該機構會刊《心理治療中心》（*Zentralblatt fur Psychotherapie*）的編輯。在所有譴責中，一個最貌似合理的普遍看法是，該協會和會刊都「遵從」（gleichgeschaltet）了納粹意識形態中首先將猶太成員嚴格排除在外的規定。

這些被詬病的事件可追溯到三十多年前。它們有的已經被人遺忘，只有很少的細節被保留了下來，儘管現在已經有了獲得真相的途徑：普林斯頓大學出版的三卷本書信集中的第一卷，就收錄了榮格 1933 至 1945 年間大量談論政治的信件，與那個時期有關的文獻和文件也收錄在普林斯頓大學出版的《榮格全集》第十卷《轉換中的文明》（*Civilization in Transition*，1974 年）裡。為了盡可能地做出客觀判斷，有必要把最重要的事再做一次概述，這些證據有的對榮格有利，有的對他不利。

接任會長的風波

馮・魏茨澤克在他《回憶海德格爾》（*Erinncrungen an Martin Heidegger*，瑞士，1977 年 4 月 16/17 日）一文中寫道：

「假如我對他在國家社會主義統治初期所犯的錯誤保持沉默的話，我就對不起這個當之無愧的偉人。」正是基於同樣的精神，我寫下了如下的文字。

當納粹奪取政權（1933 年）時，「心理治療醫學總會」（Allgemeine Ärztliche Gesellschaft für Psychotherapie）會長恩斯特．克雷奇默（Ernst Kretschmer）教授辭去了職務。因為，當時所有的科學協會都在德國，「總會」的「遵從」只是時間早晚的問題。就在這個關鍵時刻（1933 年 6 月），應主要成員的迫切要求，為避免最壞的情況發生，當時作為榮譽副會長的榮格接受了會長一職。「因此，對我來說，就出現了一個對任何一個正派人都會有的道德衝突：謹慎中立的我應該撤回到安全線以內不去染指，還是明知危險卻迎難而上？……我是不是要犧牲掉自己的科學興趣、對同事的忠誠和一些德國科學家與我的友誼，以及由共同語言形成的人文圈——我應該為了自以為是的安慰和不同政治情操犧牲掉所有這一切嗎？……總而言之，除了倚重我的名聲和獨立立場來答謝我的朋友們，我別無選擇。」[1]

之所以答應同僚們的請求，是因為榮格的處境完全不同於克雷奇默：作為一個瑞士人，他出任會長，可以不受納粹意識形態的束縛。不像克雷奇默那樣，無論是在學術上還是在政治方面的自由都危如累卵。而很少人知道，就在這幾個月裡，為了使協會充當一個更有效率的國際性角色，榮格利用自己作為瑞士人的自由，重新起草了協會的章程。[2]

儘管如此，今天仍然還有人把榮格稱為納粹德國協會的會長。甚至在一本精心編注的《湯瑪斯．曼日記：1933-1934年》（*Diaries of Thomas Mann 1933-1934*，費舍爾出版社〔S. Fischer Verlag〕於1977年出版）中，編輯彼得．德．孟德爾松（Peter de Mendelssohn）寫道：「榮格領導的《心理治療中心》和『醫學學會』在1940年前，一直遵循的是國家社會主義路線。」[3]還有人認為，榮格趕走克雷奇默教授就是為了傳播納粹主義！——我們以後會討論這些謠言和歪曲的由來。

儘管在榮格對協會重組之前，協會已經國際化了，但仍被佔據主要崗位的德國人控制。經榮格修正後的章程，使得由不同的國家團體或分會組成的「國際心理治療醫學協會」名副其實地成為了國際協會。榮格不僅是總會會長，還是瑞士分會（它今天還存在，名為「瑞士實用心理學協會」〔Schweizer Gesellschaft für Praktische Psychologie〕）會長。

獨立出去的部分在柏林成立了德國協會（Deutsche Allgemeine Arztliche Gesellschaft fur Psychotherapie，1933年9月），成為了一個「聽話的」國際協會德國分會。[4]從那時起，納粹化的德國分會只是眾多國際分會中的一員。其會長是臭名昭著的帝國元帥戈林的堂弟，精神病學家 M. H. 戈林（M. H. Goring）教授。顯然，考慮到當時四處彌漫的緊張氣氛，這層關係與這個不祥的名字本身就足以產生無數的誤解和謠傳。

從老協會成立起，《心理治療中心》就一直在德國出版。後來，它被接管為國際協會會刊，總部設在蘇黎世，由榮格擔任編輯。1933 年，他寫信給他的同僚埃勒斯（R. Allers）博士：「作為國際醫學心理治療學會會長，擔任會刊編輯一職，讓我多少有些勉為其難。」

戈林教授按事先計畫好的安排出版德國特刊一事，將榮格置於了一個非常艱難的境地。這期刊物裡有一份同樣由戈林教授簽署的聲明，要求德國協會成員接受希特勒的政治意識形態原則。不管是有意還是無意（或像有人事後說的那樣是「安排好」）的過失，這份戈林宣言不僅出現在《德意志靈療》（*Deutsche Seelenheikunde*，萊比錫，1934 年）的副刊上，在當時的執行編輯（漢堡的星波爾〔W. Cimbal〕博士）沒有向榮格通報的情況下，該宣言在稍作修改之後同時也出現在 1933 年 12 月那一期的《心理治療中心》上。在印有他任編輯的刊物上刊登納粹宣言令榮格無地自容。在世人看來，更加糟糕的是：瑞士精神病學家古斯塔夫・貝利（Gustav Bally）在《新蘇黎世報》（*Neue Zürcher Zeitung*，1934 年 2 月 27 日）發表了一篇尖銳抨擊榮格的文章，隨後便烽煙四起。【5】

後來大部分對榮格的抨擊都是以貝利的這篇文章為基礎的，而他本人並不認為榮格的表現是一個明確的國家社會主義者，或者說他隨時願意接受批評，這一點從兩年後，他再次與榮格在不同分析心理流派之間的合作中可以清楚地看到。【6】

我們或許應該提出這樣的問題：在那個恐怖的年代，榮格與德國醫生同坐一張桌子是否正確，即使是以國際社會的名義這麼做的。假如我們想盡可能地獲得一個客觀判斷，即使到了幾十年後的今天，我們也必須提出一個原則性問題，儘管至今仍沒有明確答案：有沒有必要考慮與犯罪民族切割，任其被精神孤立，或者反過來，有沒有必要在利益「共存」的前提下要求合作。榮格選擇了與納粹德國的醫生和心理治療師的合作，因此任由同時代人與後來者評判。

榮格的〈駁貝利醫生〉（Rejoinder to Dr. Bally）一文，就像貝利對他的抨擊一樣，至今仍對讀者起著指導性的作用。榮格提出了他這麼做的個人理由：在德國，那些處於高位的人大筆一揮就能在桌子上抹殺心理治療這門學科，在這種情況下，他首先關心的是讓這門年輕的學科存活下去。為此，他願意冒生命和名聲的危險。「主要是為了讓這個年輕而隨時會夭折的學科在地震中處於安全地帶，這也是我幫助重建德國心理治療運動的主要目的。」[7]他試圖為那些受難者提供幫助，不分國家和政治觀點。在這篇防禦性文章中，榮格用下面的話概括了他當時的態度：「戰爭期間，醫生給敵方傷患的幫助，肯定不能被視為對祖國的背叛。」[8]

人們可以比對納粹德國時期佛洛伊德的精神分析協會的命運，從中看出，在納粹革命期間科學團體所面臨的困境：時任執行委員會委員，猶太波蘭人保羅・愛廷根（Paul Eitingon）被德國「雅利安人」（Aryan）菲力克斯・伯姆（Felix Boehm）取代，佛洛伊德親自宣佈，接受愛廷根的辭呈。在同樣嚴峻的這一年（1933年），猶太成員為了「保護納粹德國精神分析的純粹性」而「自願」退會。路易士・芒福德（Lewis Mumford）抓住這些事實（見歐尼斯特・瓊斯〔Ernest Jones〕寫的佛洛伊德傳記），並將它們與榮格過分寬容的態度，以及他與「受納粹控制的德國心理協會」的合作進行了比較，稱這件事「與備受譴責的佛洛伊德學派幾乎不相上下。」[10]

需要特別注意的是：榮格作為國際協會會長，在他所採取的最早官方行為中，其中一條就是執行對德國猶太同僚有利的章程規定。1934年5月，在巴德瑙海姆（Bad Nauheim）舉行的國際協會代表大會上，榮格規定，被德國分會開除或排除在外的德國猶太醫生可以單獨成為國際協會成員，並享有同等權利，從而保障了他們的職業和社會地位。【11】儘管後來證明，面對納粹的恐怖，這項措施無法實施，但這仍清楚地表明榮格曾不顧納粹政權已頒佈的反猶條例，設法為他在德國的猶太同僚提供過直接的幫助。由他規定的協會「在政治和信條上保持中立」（見條款 9），說明總會完全獨立於德國分會。這種獨立性透過章程中的條款進一步得到保障：「任何國家團隊的代表不得超過現場投票的百分之四十」。甚至在此之前（1934 年 3 月 19 日），榮格還通知他的丹麥同僚布魯爾（O. Bruel）醫生：「我也會努力保持國際組織的絕對中立，通過特殊規定，協調團體之間的關係，用這種方法，不管它的成員數量有多麼龐大，都不能夠影響協會的整體政策。」

巴德瑙海姆代表大會之後，應榮格的特別邀請，他的助手、國際協會秘書長、蘇黎世的邁爾博士（現任蘇黎世瑞士聯邦技術學院的心理學教授）出任了《心理治療中心》的執行編輯。後來，由於榮格和邁爾的緣故，《心理治療中心》並不「聽話」，1936 年，戈林教授成為《心理治療中心》的共同編輯（榮格為此常常受到指責），但《心理治療中心》繼續發表對猶太作者作品毫無偏見的評論，同時也發表外國作者的來稿，例如貝恩斯（H. G. Baynes）、哈丁（Esther Harding）以及鮑德溫（C. Baudouin）等。【12】

1938 年在牛津舉行的國際協會代表大會，是榮格擔任會長期間的最後一次代表大會。就是那一次，牛津大學授予了他**榮譽博士**的頭銜。榮格的會長演說是闡明不同心理治療學派的共同點，其目的是在共同基礎上，為不同醫學分支的心理治療提供恰當的融合點。[13]這一直是榮格長久以來的目標：1936年5月，他建議從佛洛伊德、阿德勒、榮格以及現象學學派中挑選出的代表「第一次嘗試各流派之間的合作」。在他牛津代表大會演說中，他再一次提到這項工作：「瑞士心理治療委員會試圖沿著心理學的分析路線，提出所有心理治療師都可能接受的協議。瑞士的民主精神幫助我們避免了所有的獨斷專行，我們成功地制定出了十四條共同協議。」[14]

到1939年，德國分會與其他國家團體之間的關係變得非常嚴峻。當德國人試圖利用大部分義大利、匈牙利成員，甚至動用日本團隊顛覆協會時，榮格提出了一個「雅利安條款」不適用的聯合保證。因為都沒有做到，他便辭去了會長一職。按章程規定，由倫敦的副會長克萊頓 - 米勒（Hugh Crichton-Miller）博士繼任。[15]但是，到了1940年，戈林博士非法地斷然宣佈，把國際協會和《心理治療中心》一起「收編」，並把總部搬到柏林。從那以後，協會名存實亡。[16]

很少有人知道榮格為他「國際協會」裡的德國猶太同僚所作的努力；而在那個嚴峻的歲月裡，他也藉著提出忠告和實際行動幫助了無數猶太人。[17]這些猶太人（許多是他的朋友或後來成為了朋友）已經把這一切都公之於眾，這裡不再贅言。1934 年，他在他的著作《現實的靈魂》（*Wirklichkeit der Seele*，蘇黎世，1934 年）收錄了一篇猶太作者雨果·羅森塔爾（Hugo Rosenthal）的來稿〈猶太宗教史的類型—差異〉（*Der Typengegensatz in der judischen Religionschichte*），同年，他為他的猶太學生格哈德·阿德勒（Gerhard Adler）的書《發現自我》（*entdeckung der seele*，蘇黎世，1934 年）寫了一篇序言。

榮格犯下的錯誤

他的這些有益的活動證明，榮格絕不是一個反猶分子。然而，儘管他做了艱苦卓絕的努力，但作為一個心理學家，他照樣公開指出了猶太人心理與非猶太人心理之間的不同。由於當時德國的種族狂熱，這被視為一種納粹言論，即使到了今天，仍繼續被解讀為榮格是反猶主義的進一步證據。任何一個意識到自己是猶太人的人都不會否認這種差異的存在。【18】然而，榮格卻是在猶太人身分就足以招來殺身之禍的特殊時刻提出這個引人注目的話題，他還把關於種族心靈差異的主題列入國際協會的科學項目中，那就必須被視為嚴重的人為錯誤。【19】儘管，仇恨猶太人所導致的最殘酷的後果直到很晚以後才公之於眾，然而，在那個時候，哪怕是最輕微地暗示到猶太人的「差異」，都是火上澆油。在這方面，最重要的是，每個醫生都必須保持醫學上的謹慎。而事實上，榮格並沒有做到這一點，這也解釋了為什麼許多猶太人和非猶太人都對他的人格持保留態度。

此外，榮格在那段時期寫的作品，關於猶太人性格與猶太教的觀點也是錯誤的，給人冒犯的感覺。首先，他認為「猶太人有些像遊牧民族，從來沒有創造出自己的文化形態……因而，為了他們的發展，無論是本能還是天賦，他們都需要一個多少有文化的民族充當他們的主人。」[20]這種話非常令人反感。這樣的言論是源於他缺乏對猶太教和猶太文化的瞭解，儘管今天的人們已很難想像，但他們的文化曾流傳甚廣。儘管佛洛伊德是猶太人，他在 1908 年也曾斷言：「我們猶太人（比起榮格來），有一個更簡單的、不包含神祕元素的時代。」[21]因而，榮格有這種言論毫不奇怪。佛洛伊德對猶太教知之甚少，所以，他完全不知道卡巴拉中豐富的神祕主義以及哈西德主義（Hasidism）中的神祕智慧[22]。不可思議的是，對猶太教（特別是在非猶太人中）開始產生普遍興趣的恰恰是希特勒時期，而隨著以色列的建國，人們對猶太教的興趣越來越濃厚。從那時起，布伯（Matrin Buber）、修勒姆（Gershom Scholem）、羅森茨威格（Franz Rosenzweig）[23]以及其他許多作家的作品，開始家喻戶曉。這些作品對加深人們瞭解猶太教和猶太文化很有幫助，或者說，它們第一次向人們解釋了猶太教和猶太文化。

儘管針對榮格的指控是合理的，儘管我們對此感到失望，但我們還是不要忘了，他在說到猶太人的心理差異時，並不像納粹那樣含有「貶低」的意思。只要不懷偏見地看待他的言論，這便顯而易見，但人們卻常常忽視這一點。當然，榮格也沒有為了讓他的讀者更加瞭解其思想做過任何努力。在他寫到猶太人的主觀預設或猶太人的「個人反應」時，「沒有貶低閃族人心理的意思，就像談到東方人的特殊心理時，並不代表貶低中國人一樣，」【24】對一個不瞭解榮格的人來說，這種說話方式很容易引起誤解。榮格不能想當然地認為，他的讀者們瞭解他對中國人精神和中國文化的推崇。（1929 年，他對中國道家文本《黃金之花的祕密》的評述，與漢學家衛禮賢的譯本一起發表。）因此，他的這種比較只會適得其反，引起人們的反感，越描越黑。不久以後，人們又讀到他把猶太人與蒙古遊牧部落作比較的文章！【25】

簡單地說，榮格把猶太人視為一個「有著三千年文明的族群」，而把「雅利安人」歸之為「乳臭未乾的野獸派」。【26】在榮格看來，雅利安人擁有難以估量的優點：它有著更強大的意識，意識的分化程度更高，而猶太人更加接近自然，擁有創造新文化形態的能力。對榮格來說，「野獸派」這個諢名沒有任何恭維的意思。還應該記住，在納粹崛起之前，族群心理之間的差異，早就已經成為精神分析研究者與治療專家討論的課題了。1909 年 8 月，榮格從紐約寫給他妻子的信中提到他與佛洛伊德在中央公園裡的一次散步：「我們談了許多關於猶太人和雅利安人的話題。」【27】幾個世紀以來，迫害和仇視猶太人一直是歐洲歷史的一部分，一個傑出的猶太人和一個傑出的基督徒友好地談起這個話題是很自然的。早在 1913 年，在榮格的作品中就第一次涉及到這方面的話題，【28】但從來沒有被認為是反猶主義的。相反，他講的是，心理學必須比其他任何科學更多地考慮「個人反應」。【29】

> 從心理學上看，認知對象同時也是認知器官，這是其他科學所不具備的……假如認知器官就是它自己的對象，我們就有充分的理由去徹底研究這個器官。既然主觀判斷是即刻產生認知對象的，因而，這種認知從一開始就是有侷限的。【30】

換言之，既然心靈是一種被認識到的心靈，那麼所有的心理認識都必然帶著主觀因素，因此，說出「心理真實」的人不會是中立的。進入晚年的榮格仍然強調他自己的、佛洛伊德的、阿德勒的，以及其他心理學的主觀性，各種心理學分別受制於個人的心理類型、時間、文化等等。【31】早年的他甚至就認識到，每一種心理學都是一種「主觀表白」。【32】至於他特別關注的精神分析，他從來沒有忽視這一點，由於他曾一度與佛洛伊德合作，他清楚地看到，精神分析差不多就是精神分析創始人的主觀告白，在其基本概念中，包含著特有的猶太人成分。

在一封1908年佛洛伊德寫給卡爾·亞伯拉罕（Karl Araham）的信裡，他強調了他思想和精神分析中的猶太人性格，就像是件天經地義的事。

寬容點，不要忘了，你確實比榮格更容易追隨我的思想，一開始，你是完全獨立的，隨後，種族關係使你更接近我的智力結構，然而相反地，他作為一個基督徒和牧師的兒子，他只有戰勝內心的強烈抗拒，才能發現通向我的道路。因而，他的加入更為可貴。我不得不說，只有他在場，才能避免讓精神分析淪為猶太民族私事的危險。【33】

在「基督徒」一詞下，瓊斯加了一個注腳：「猶太人對『非猶太人』的習慣性稱呼。」佛洛伊德的話裡流露出一個偉大的猶太人情懷：他深刻理解心靈之間的相互關係，並超越了同時代人的侷限。對他來說，承認精神分析中的猶太人特徵，絕對沒有貶低的意思！對這種事，大多數下一代人或許與我們有著非常不同的感受，直到最近，一些重量級的猶太思想家才開始意識到，佛洛伊德的工作主要是以猶太人身分為前提展開的。在埃里希・諾伊曼（Erich Neumann）的一篇文章〈佛洛伊德與父親的意象〉（Freud and the Father Image）裡，對基於猶太教的無意識進行了簡短但高度重要的分析。【34】

至關重要的「個人差異」表明：假如一個人沒有深刻地意識到自己的歷史和宗教背景的話，他就無法在實際生活中追隨個體化道路，從而完成自我實現，因為個體植根於集體。一個族群的傳統、宗教和歸屬感，對每個個體都是必不可少的基礎，不管這個人是保持對它們的忠實於還是走他自己的道路。然而，一旦猶太人被連根拔起後，他們的傳統意識和他們的根，就不再是不言而喻的了。正如我們瞭解的那樣，這也是前希特勒時期德國猶太人的情況。他們當中許多人不再認為自己是猶太人，而僅僅是德國人。他們忘記了自己民族和宗教的獨特性。由此，產生了「被同化的猶太人」概念。而對意識到猶太本性的猶太人來說，這顯然是個負面概念。相比之下，榮格在 1934 年提出這樣的問題：「難道我們真的相信，一個漂泊了幾千年的部落，透過一些相當特殊的心理特性，就失去了自己作為『上帝選民』的觀念嗎？」【35】

評價榮格立場的最終、或許也是決定性的問題是：他對作為一場政治運動的國家社會主義持什麼態度？經由對他 1933 到 1934 年期間的觀察可以得出這樣的結論：早期他希望德國蓬勃而和平地發展，並樂意給國家社會主義一個機會。構成他希望的心理基礎是：「雅利安人」的無意識中包含著創造性張力，「孕育著未來的種子」。【36】他的希望寄託於從混沌中產生出積極的東西，甚至可能是一種新的文化，只有這種虛幻的希望才能解釋榮格的態度。後來他自己承認了這一點。在他《論當代事件》（*Epilogue to Essays on Contemporary Events*，1946年）的結語中，他寫道：

> 當希特勒攫取了權力時，我非常清楚地看到，集體歇斯底里已經在德國發作了。但我還是情不自禁地對自己說：這畢竟是德國，一個具有道德感、遵守紀律的歐洲文明國家。因此，在我看來，這場明顯的群眾運動最終結果仍然是不確定的，正如元首的形象首先讓我感到，他僅僅是善惡兼具的存在……像我的許多同時代人那樣，我有我的懷疑。【37】

那些對榮格的態度感到失望的人，期待的是一份更詳盡，或許是更明確的「認罪坦白書」， 其他人則認為，這份清醒的聲明證明了榮格的真誠。說榮格的罪行在於他認同納粹的意識形態完全是對事實的嚴重歪曲。儘管一開始，他被「國家社會主義強大的現象」所迷惑，但他從來沒有認同過納粹意識形態。【38】從心理學上來說，集體歇斯底里代表著集體無意識的爆發，正如他對待患者們那樣，榮格指望人類心靈中固有的治癒力與創造力發揮作用。他有理由持這種態度，因為，正如他說的那樣，集體無意識內容本身就是矛盾的。

從本質上說，群眾運動的心理驅動力是原型的東西。每一種原型都包含著最低級與最高級、邪惡與美好的東西，因而它有能力創造出截然相反的結果。因此，一開始是不可能知道它將會是正面的還是負面的。對這種事，作為醫生，我傾向於等待，因為這種態度能讓人不必匆忙地做出判斷，不必總是從一開始就知道什麼更好，從而獲得「公平的審判」。【39】

看來，早期想要勾畫出法西斯運動的遠景和「元首」的形象是不容易的。佛洛伊德對墨索里尼性格的判斷錯得離奇，在他和愛因斯坦合寫的《為什麼戰爭？》（*warum krieg?*）一書中，他的獻詞是：「給貝尼托・墨索里尼，統治者中的文化英雄：來自一個老人卑微的致敬。——維也納，1933 年 4 月 26 日，佛洛伊德」【40】

儘管他的心理學知識讓他保持了樂觀，他的樂觀再次證明了一句老話：偉大的科學家並不一定是個好的政治家！

在一次訪談中，【41】榮格把元首比作巫醫，他被元首魔幻般的氣質所吸引。這件事引起了軒然大波，直到今天還被誤解為是對希特勒的讚美。然而，德國抵抗詩人卡爾・楚克邁耶（Carl Zuckermayer）在他的回憶錄裡說過完全一樣的話：「希特勒就像野蠻部落中的巫醫，能把人帶進迷幻狀態。」【42】對此，卻沒有人將之視為冒犯，也沒有人誤解他的意思。今天已經毫無疑問，納粹主義和他的元首是在魔鬼驅使下發動了一場狂熱的毀滅性的偽宗教運動。【43】

後來，榮格承認，儘管他瞭解心靈，但他確實對人抱有幻想：他從來想像不到會爆發如此沒有底線的邪惡。【44】而他自己早在 1918 年希特勒崛起之前就提醒過人們：「金髮碧眼的野獸在牠地下囚籠裡憂鬱地徘徊，隨時伺機破籠而出，帶來毀滅性的後果。」【45】但那時，誰把這個警告當回事？特別是到了關鍵的時候，連榮格自己都忘了。

後來，在納粹政權無底線的兇殘被曝光之後，他對自己曾經對納粹抱持過的期待態度做了修正，並公開對納粹政權進行了無情的抨擊。從後來這些關於德國的公開言論中，或許還可以看到一個人的失望，這個人深刻地意識到，當初不顧自己的個人形象、工作、精力和前途與身處納粹德國的醫生和精神分析師合作，是冒著多大的聲譽危險！確實如此，這從他的〈大災難之後〉（After the Catastrophe）【46】一文最清楚地看到，該文寫於這可怕的戲劇落幕之後。其實，早在 1936 年，在他的〈沃坦〉（Wotan）【47】一文中，他已經為納粹分子貼上「狂熱的條頓人」的典型標籤了，「狂熱的條頓人」就是他在〈沃坦〉中所說的風暴神。在《心理學與宗教》（*Psychology and Religion*，1937 年）中，他對當時在德國初現端倪的群眾運動的趨勢提出了極為尖銳的批評，【48】對於這種危險的現象， 他在 1933 年 2 月科隆和埃森發表的演講中就預先做出了警告。【49】因而毫不奇怪，到 1940 年，他的作品最終在德國遭到封殺，他的名字上了黑名單。【50】他的書在法國被焚燒。當時他被納粹當作絆腳石，因為，他為他的猶太學生雅各比（Jolande Jacobi）【51】的《榮格心理學》（*Die Psychologie von C.G. Jung*，蘇黎世，1939）的書寫了一篇序言。

關於這一點，我想提及幾個有助於澄清榮格後來捲入政治的事實：1939 年秋，為了表示對「國民議會」（相當於英國的眾議院）的支持，有人要他成為杜特韋勒爾（Gottlieb Duttweiler）創立的獨立聯盟黨的候選人：「我告訴他們，我不是政治家」，他在一封信（1939 年 10 月 5 日）寫道：「但他們說，這恰恰是他們選我的原因，他們的政治家太多了……我只能在名單上出現，並且必須印在名單的最後一行，因為我仍然希望我落選。」榮格確實落選了。【52】在一封給杜特韋勒爾的信（1939 年 12 月 4 日）中，他提出減輕應徵士兵（在軍隊服役的）財政困難的方法建議。這個建議最終導致補償應徵者的《瑞士薪酬與失業補助法》的出籠。

1946年，溫斯頓．邱吉爾出訪瑞士時，兩次都要求榮格挨著他坐，一次是在蘇黎世大學禮堂的典禮上，另一次是在伯恩附近施洛斯阿曼丁根城堡（Schlob Allmendingen）的官方晚宴上。邱吉爾不大可能會邀請一個前納粹或納粹同情者作為他的陪同。【53】

晚年榮格關心的是我們時代的人類處境。收錄他在全集第十卷的論文《轉換中的文明》可茲證明。

批評背後的無意識因素

我希望我已經說得很清楚了，儘管榮格有錯，但他不是納粹，也不是反猶主義者。許多傳媒已透過文件證明而反駁了這種指控。【54】然而，關於榮格同情納粹的傳聞卻陰魂不散，甚至過了半個世紀的今天，仍餘毒不減。因此，除了將事實說清楚之外，我們還必須問一個同樣重要的問題：這些持續攻擊的背後心理原因是什麼，這樣，我們就不得不從無意識心靈背景方面尋找答案。

正如我已清楚表明的那樣，批評榮格1933至1934年期間的態度是有事實根據的。但是，當批評過了頭，過於誇張片面，並刻意掩蓋或否定其任何積極意義，甚至捏造事實的時候，批評就走向了反面。這種人與持相反立場的人是一樣的：

這些人不是對榮格那些年的錯誤視而不見，就是認為這些是雞毛蒜皮的事，都是站不住腳的。

隨著歲月的流逝，圍繞著榮格的爭論雙方，一方面大肆渲染，一方面輕描淡寫，其原因至少在心理層面上變得越來越清楚了。其中一個最深層的根源或許在於佛洛伊德與榮格之間的關係，不僅佛洛伊德心理學派和榮格心理學派的心理學家對它感興趣，並且直到今天仍然是人們津津樂道的話題。這兩位探索者之間的關係從一開始就問題多多，最終以悲劇性的相互指責告終，從未化解。但是最終，這種關係也使他們彼此受益，碩果累累。關於他們的友誼和決裂，令世界最感興趣、討論最多的，不僅僅是這兩個偉大的人格在科學上和人際上的相遇，也不僅僅是年邁大師和年輕門徒之間的關係，最重要的，是猶太人遇上非猶太人。這使得他們的相遇有了特別的意義，也解釋了這個世界為什麼對他們的關係保持持續不減的濃厚興趣，同時也解釋了，為什麼在評價這件事的時候，正、反雙方都會產生激烈的爭論。

在這方面，對《記憶、夢和反思》一書卷帙浩繁的評論是極具指導意義的。這些評論絕大部分集中在〈西格蒙德．佛洛伊德〉這一章，這一章確實不是最重要的，假如說它對讀者瞭解真實的榮格及其發展有意義的話，那也是非常有限的。大多數評論家所提出的觀點已經成為一種被普羅大眾接受的範式：

佛洛伊德是偉大的、父親般的心理學家，是精神分析創始人，而作為學徒的榮格，為了走上一條並不總是獲得父親贊許的自己的道路，他背叛並拋棄了「父親」。這兩個巨人所扮演的角色就是典型的或者說是原型父子關係。既然想有所成就，兒子有一天必然要離開或超越父親，對父親來說，這是一個殘酷的不可避免的悲劇，但這同時也是一種完美的結局，這是父子關係雙方應該扮演的角色。

然而，當榮格拒絕「父親」授予他「繼承人」與「桂冠王子」（佛洛伊德自己的話！）的頭銜，選擇一條追隨自己創作天分的道路時，卻被許多人視為背叛。在一些極端的例子中，評論家們甚至還認為榮格扮演了「猶大的角色」，[55]似乎離開佛洛伊德，就是背叛了上帝派來的使者似的。顯然，任何人談到佛洛伊德和榮格的關係時，都必然會拿猶太人與非猶太人的關係做比較，這從心理學上是可以理解的，這種比較確實起了重要的決定性作用，這種比較也必然給評價榮格對猶太人和納粹主義的態度蒙上陰影。正如我已經說過的那樣，榮格自己也授人以柄。但任何批評如果想被人嚴肅對待的話，就必須實事求是。只有那些被無意識情緒蒙住雙眼的人，才會不是刻意掩飾榮格的錯誤，就是將其錯誤無窮放大。也正是無意識情緒的存在，使得我們可以理解，為什麼那些譴責榮格是納粹主義者而拒絕他作品的人，卻同時能夠心安理得地接受哲學家海德格（Martin Heidegger），罔顧他在納粹政權早期，作為一個真正的法西斯主義者在弗萊堡大學支持納粹主義的事實。在這裡我們不是對海德格爾哲學的反思，我們關注的只是對同樣性質事件的不同判斷以及各自的成因。在世人的眼裡，海德格爾沒有扮演原型角色。他不是受人崇拜的「精神之父」的「精神兒子」，而榮格的「背叛」卻傷害了「父親」，這個偉大的猶太人——佛洛伊德。有沒有人問過自己，「兒子」是不是也從這種決裂中受到同等的傷害？或許還有人記得，瓊斯說過，【56】當佛洛伊德自己與他的老師布羅伊爾（Breuer）決裂時，他也遭受過類似的打擊。然而在這件事上，我們卻從來沒有聽說過佛洛伊德扮演了「猶大的角色」。

希特勒恐怖時代已經過去幾十年了。榮格於 1961 年去世，回顧他的一生以及他的工作，甚至連那個時期所犯的錯誤也絲毫沒有損害他人格的光輝。用分析心理學的語言來說，這是他陰影的表現，陰影是每個人身上都有的一種原型，陰影的表現常常是，陰影越黑，他的人格所透出的光輝也就越亮。榮格給了人類太多，他的陰影絲毫不能掩蓋其思想的重要性，以及他作為一個人的偉大。

不久的將來，希望親自瞭解當時背景的人可以接觸到一批新的資料：榮格的書信選集將在約一年後出版，這些信件極為生動地反映了他在納粹時期的態度。《榮格全集》第十卷《轉換中的文明》（1964）中，有他擔任國際醫學心理治療協會會長期間的相關檔案，以及那些有爭議的、他關於猶太人和德國人的心理觀察報告，這些都有助於澄清事實：不管是從原則不接受榮格與德國醫生的科學合作，還是認為這是試圖對「受害一方」的援助，還有他對自己在納粹政權初期所抱有的期待感到多麼遺憾，以及那些不得不譴責的那個時期他所發表的種族心理差異的文章。希望不帶偏見的讀者在讀了這些出版品之後，最終能夠徹底消除他是一個納粹主義者和反猶太主義者的指控。

隨著歲月的流逝，榮格修正了他對猶太教的看法，並加深了對它的瞭解。【57】這從他後期作品中大量引用的猶太資料可以明顯看出。猶太人（並不排斥對上帝的恐懼）的宗教態度對應於「永恆福音」（evangelium aetemum，出自菲奧雷的約阿基姆〔Gioacchino da Fiore〕）【58】——榮格將它解釋為一種個人表白的方式：「人可以愛上帝，但必須敬畏他。」他在國家社會主義的嚴峻歲月給予猶太人和非猶太人一視同仁的無窮支持，以及他的人格，都使他的猶太學生們原諒了他的錯誤。他們當中的許多人至今還活著，不僅有居住在歐美的，也有生活在以色列的，他們都成為了榮格心理學的代言人。

正如我們說過的那樣，探索者榮格受到**集體無意識**內容中創造性的吸引，同時也受到從國家社會主義所爆發出來的無意識力量的吸引，從而寄希望於國家社會主義蓬勃發展背後的正面價值。但是，隨著時間的推移，他越來越清楚地看到**意識**在鑒別事件和分配事件意義時所扮演的決定性角色。儘管只有深植於無意識心靈背景時，意識（因而也就是人的個性）才能獲得創造性的發展，但人性卻依賴於意識，依賴於對既有治療能力又有毀滅性的無意識自然約束力的態度。只有意識才能決定要與無意識合作，還是抵制無意識。從類型的角度來看，人們可以把榮格科學觀的修正和價值觀的轉變，描述為從「浪漫主義」向「古典主義」的轉變。人們或許可以猜想，「古典主義」的榮格絲毫不會給國家社會主義這個幽靈任何機會。

比起局外人來，那些與榮格當面交談過的人更容易理解這個偉大探索者身上的陰暗面並接受它。為了證明這一點，我將引用修勒姆（Gershom Scholem）在 1963 年寫給我的一封信，感謝他慷慨地允許我公開。這封信裡有他與李奧・貝克（Leo Baeck）[59] 之間關於榮格的一段對話。

以色列

1963 年 5 月 7 日

親愛的亞菲女士：

既然你對貝克和榮格的故事如此感興趣，我打算把它寫下來，希望對你所有幫助，並允許你引用。

1947 年夏，李奧．貝克在耶路撒冷。那時，我恰好第一次收到艾瑞諾斯會議的邀請，顯然是榮格的主意。我問貝克，我是否應該接受邀請，因為，我聽說過並讀到過許多對榮格納粹時期行為的抗議。貝克說：「你一定要去，絕對要去！」談話中，貝克對我講了下面這個故事。他也曾因榮格 1933 到 1934 年[60]間有損聲譽的文章而對榮格產生反感，準確地說，因為他從智慧學院的達馬達會議（Darmstadt meetings of the School of Wisdom）上聽到很多關於榮格的傳聞，因而不再信任這個有納粹主義和反猶主義情懷的人。因而，當他從特來西恩施塔特（Theresienstadt）獲釋後第一次重歸瑞士時（我想應該是 1946 年），沒有去拜訪在蘇黎世的榮格。但是，他在蘇黎世的消息傳到榮格的耳朵裡後，榮格差人邀請他，但因為上述這些事，貝克拒絕了。於是，榮格來到了他的酒店，他們之間有了一次兩個小時別開生面的談話，期間，貝克就所有的傳聞對榮格進行了譴責。榮格以當時德國的特殊情況為由替自己辯護，但同時也向他承認：「喔，我疏忽了！」——也許指的是納粹，而他期待納粹崛起後會發生偉大的事。「我疏忽了」這句話貝克對我說了好幾次，我至今記憶猶新。貝克說，通過那次談話，他們澄清了他們之間所有的誤會，重歸於好。也因為聽了貝克的解釋，我接受了艾瑞諾斯會議向我發出的第二次邀請。

您忠實的

修勒姆

為了勾勒出榮格對猶太教態度的完整畫面，面對他備受詬病的反猶主義指控，儘管他的世俗活動很重要，我們還需要更多地考量其他方面。

對榮格來說，宗教是靈魂的基礎（anima naturaliter religosa）因此，榮格如何評價猶太人的宗教就變得意義深遠了。問題是：他是怎樣看待來自《舊約》和猶太卡巴拉密教的猶太人的上帝意象的？我已在別的地方[61]就這個主題詳盡地談過，因而在這裡，我只想提出幾點需要注意的地方。

給榮格印象最深的是，猶太人上帝意象的矛盾性。耶和華既被認為是造物主又是毀滅者，既是榮耀也是懲罰，既是光明又是黑暗。在榮格看來，這些極端的對立統一使得猶太人獲得了一個完整的意象。它比單純的愛與善的基督教上帝意象高明。榮格猜測，保守的猶太人無法接受基督教，原因可能就在這裡。[62]他覺得他們的上帝意象更高明：它是一種完整的表達。

正是考慮到上帝意象中的矛盾，榮格反覆提醒，除了繼續遵循基督教中可愛上帝的訓誡，我們還應該遵循《舊約》教義中可怕上帝的訓誡。

榮格寫過一本激情洋溢的書，《答約伯》，講的是約伯和上帝之間的衝突。儘管作為上帝和魔鬼打賭的犧牲品，約伯感受到上帝陰暗的一面，但他從來沒有懷疑過上帝有著光明的一面。「我知道我的救贖主還活著。」確信上帝是矛盾的，增加了人在某種程度上的優越性，其結果就是上帝意象發生了轉變：上帝成為了人。這就是《答約伯》所要說的話。

《聖經》中描述上帝與人之間的關係時使用的是神話學語言，用心理學術語來說，就是自性與自我之間的關係。上帝成為人，事實上表達的是，人就是神性的容器。

當榮格在卡巴拉主義者以撒・盧利亞（Isaac Luria）的思想裡也發現了人與上帝之間合作關係的觀念時，這對他產生了重要的意義。【63】照盧利亞的說法，在創世紀這一幕裡，上帝先是造出許多盛放光的容器，但它們太不結實，都碎了。於是魔鬼進入了世界，從那時起，所有的東西都不圓滿，都有了裂縫。然而，人被要求依靠意識，用他的行動、思想和祈禱，幫助造物主彌補裂縫，修復完整。

1954 年，榮格給他的一個猶太同事寫道：「猶太人的優點在於，他們在自己的精神史上早就預見到了意識的發展。我指的是卡巴拉的盧利亞（Lurianic）階段，即，從容器破裂到人幫助去修復裂痕的階段。這裡，第一次出現這樣的思想：人必須幫助上帝修補創世紀時被損毀的東西。第一次確認了人的宇宙責任。」[64]

鑒於這些簡短的評述，事情應該塵埃落定了。我希望可以用它們來駁斥所謂榮格是反猶主義者之說。相反，榮格只是被猶太人的上帝意象以及有關人與他上帝關係的教誨深深打動了。

備註

【1】《榮格全集》（CW 10, p. 355，以下《榮格全集》皆以 CW 表示）。又見 1936 年 9 月 29 日致美國心理學家·羅貝克（Abraham A. Roback）的信（Letters 1, p. 219）：「關於我是所謂『納粹同情者』，有很多不值一提的謠傳。我不是納粹分子，事實上，我對政治絲毫不感興趣。德國心理治療師請我幫助他們維持他們的職業機構，因為心理治療在德國面臨著滅頂之災。人們認為它屬於『猶太人的科學』，因此對它保持高度警惕。那些德國醫生是我的朋友，懦夫才會在他們急需幫助的時候離開他們。」

【2】在 1934 年 5 月於巴德瑙海姆（Bad Nauheim）舉行的「國際學會」全體大會（a congress of the International Society ）上，章程被修改。參見《心理治療中心》（*Zentralblatt*, Vol. VII, No. 3, p. 124）。那時，已有學會的非德國成員已經組建了他們自己的國家小組（“Landesgruppen”）。

【3】在湯瑪斯・曼（Thomas Mann）1933 年至 1934 年間三本不同的日記中，他都對榮格和他當時的政治觀點提出過批評。然而，幾年後，他又承認榮格的偉大人格：1941 年，二戰中期，他寫信給神學家凱雷尼（Karl Kerenvi）教授，談到關於

與榮格的合作時說：「kein wunder,dash es ein wunder an tnteressantheit gibt,wenn zwei eingeweihte von desen graden sich zusammentun」（你們兩個大人物有如此濃厚的合作興趣，這並不令人吃驚。）湯瑪斯・曼－卡爾・凱倫伊（Thomas Mann-Karl Kerényi），《格斯普拉赫簡報》（*Gespräch in Briefen*, Zurich, 1960, p. 97。

【4】 參見《心理治療中心》，Vol. VI, No. 3, p. 140ff。

【5】 參見榮格的〈駁貝利醫生〉（CW 10）；《新蘇黎世報》（*Neue Zürcher Zeitung*, 13th and 14th March 1934）。榮格 1934 年 3 月 2 日和 1934 年 3 月 19 日寫給同事關於三封信「錯誤」回覆的信，都收錄在《書信集》（*Letters* I）中。

【6】 參 1936 年 5 月 8 日寫給 P.Bjerre 博士的信，和 1946 年 1 月 14 日寫給 J. H. van der Hoop 博士的信。也參備註 1。

【7】 參 CW 10，p. 538，以及 1934 年 6 月 7 日寫給戈林教授的信，以及備註 1。

【8】 同上，p. 538。

【9】 歐尼斯特 . 瓊斯的《西格蒙德・佛洛伊德：生平和著作》（*Sigmund Freud: Life and Work*, Vol. Ill, pp. 182ff）。

【10】 路易士・芒福德（Lewis Mumford），〈群魔的反叛〉（The Revolt of the Demons），載於《紐約客》（*The New Yorker*, 23 May 1964, p. 175. ），175 頁。

〔編按〕芒福德（1895-1990）為美國歷史學家、科學哲學家、著名文學評論家。

【11】 《心理治療中心》，VII, 6。該條款是以「通函」的形式作為插頁流通的。也參見 CW 10, p. 546，以及 1934 年 5 月 26 日寫給詹姆斯・克許（J. Kirsch）博士的信。

【12】 參 CW10，p. 564ff。

編按：貝恩斯（Helton Godwin Baynes，1882-1943），人稱彼得・貝恩斯（Peter Baynes），英國醫師、陸軍軍官、分析心理學家和作家，是榮格的朋友和早期英文譯者。

哈丁（Mary Esther Harding，1888-1971），英裔美國榮格分析師。

鮑德溫（Charles Baudouin，1893-1963），法國與瑞士精神分析師。

【13】 1936 年 5 月 8 日寫給 P.Bjerre 博士的信。

【14】 參 CW10，p. 564。

【15】 榮格為「Hugh Crichton-Miller (877-1959)」寫的前言，CW 18, p. 639ff.。１８６

【16】 1940 年 10 月 26 日寫給 J. H. van der Hoop 博士的信。

【17】 歐尼斯特，哈姆斯（Ernest Harms），〈卡爾・古斯塔夫・榮格：佛洛伊德和猶太人的捍衛者〉（Carl Gustav Jung: Defender of Freud and the Jews），載於《精神病治療季刊》（*Psychiatric Quarterly*, Utica, New York, 1946）。那時，榮格給我其他猶太人提供了金錢和道義上的支援。他為我做心理分析時沒有收取任何費用。

【18】 西格蒙德·佛洛伊德「書信集，1873-1939 年」（Letters 1873-1939, Basic Books, New York, 1960, p. 366f）。1926 年 5 月 6 日致 B'nai B'rith Lodge 成員們的信：「他一直試圖克服作為一個猶太人的『民族自豪感』。但還有足夠的力量使猶太教和猶太人保持足夠的不可抗拒的吸引力，許多黑暗的情感力量越強，內心身分認同感越清晰，越熟悉相同的心理結構，就越難用語言來表達。」

【19】 《心理治療中心》（Vol VI, 3, 1933, CW 10, p. 533）編者按：「日爾曼人和猶太人之間確實存在著心理上的差異，這是每個有頭腦的人都懂的，承認並不再掩蓋這種差異對科學只有好處。」在他接受柏林 A. Weizacker 博士電臺採訪（1933 年 6 月 26 日）時，榮格依然堅持這種觀點，因此引起軒然大波（出自「榮格說」〔C.G. Jung Speaking, Princeton, USA, 1977, p. 59ff〕）。

【20】 〈心理治療的現狀〉（The State of Psychotherapy Today, CW 10, p. 166.）大概寫於 1934 年給前助手 Kranefeldt 的一封信中，榮格用納粹式語言輕蔑地談起佛洛伊德和阿德勒心理學所具有的「顛覆性特點」。這番話被詹姆斯·克許（James kirsch）作為其論文的基礎，〈榮格的所謂反猶主義〉（Jung's sogenannter Antisemitismus[Jung's So-called Antisemitism]），《分析心理學雜誌》（*Zeitschrift für Analytische Psychologie*, January, 1985）。

【21】 瓊斯（E. Jones）著《西格蒙德·佛洛伊德》，Vol. II, p. 5。

【22】 〔編註〕卡巴拉（Kabbalah，字面意思是「接受／傳承」）是與猶太哲學觀點有關的思想，旨在界定宇宙和人類的本質、存在目的的本質，以及其他各種本體論問題。它也提供方法來幫助理解這些概念和精神，從而達到精神上的實現。卡巴拉與猶太教哲學形成猶太教神學的兩大面向。

哈西德主義（Hasidism）是猶太教正統派的一支，受到猶太神祕主義的影響，由十八世紀東歐拉比創立，反對當時過於強調的守法主義猶太教，其是組成現代猶太教極端正統派的一部分。

【23】 〔編註〕布伯（Martin Buber，1878-1965），奧地利－以色列猶太人哲學家、翻譯家、教育家，研究工作集中於宗教有神論、人際關係和團體，影響遍及整個人文學科，特別是在社會心理學、社會哲學和宗教存在主義領域。

修勒姆（Gerhard Scholem，1897-1982），德國出生的以色列哲學家和歷史學家，被認為是卡巴拉現代學術研究的創始人，成為耶路撒冷希伯來大學第一位猶太神祕主義教授。

羅森茨威格（Franz Rosenzweig，1886-1929），德國猶太人的神學家，哲學家和翻譯家。

【24】 《心理治療中心》，Vol VI. 3. 1933（CW, 10. p. 588）的編者按。

【25】 歐尼斯特・哈姆斯，〈卡爾．古斯塔夫．榮格：佛洛伊德和猶太人的捍衛者〉，載於《精神病治療季刊》（April 1946, p. 17）。

【26】 〈心理治療的現狀〉（CW 10, p. 165ff）

【27】 榮格著，《詞語與意象》（*Word and Image*, Princeton University Press, 1978, p. 47）。

【28】 CW, 10, p. 543 and Note 4.

【29】 同上，p. 533。

【30】 同上，p.540。「這個主觀前提與我們心靈的獨特性是一致的。這種獨特性受制於 1. 個人，2. 家庭，3. 國家、種族、氣候、歸屬感以及歷史。」

【31】 由亞菲記錄，理查和克拉拉・溫斯頓翻譯的《記憶、夢和反思》，p. 207，1963 年紐約與倫敦同時發行。

【32】 〈駁貝利醫生〉（CW, 10, p. 540）。又見〈佛洛伊德與榮格：對比〉，（Freud and Jung: Contrasts, CW 4, p. 336）。

【33】 瓊斯（E. Jones）著《西格蒙德・佛洛伊德》，Vol. II, p. 53。

【34】 埃里希・諾伊曼（Erich Neumann）著，《創造性的人：論文五篇》（*Creative Man – Five Essays*, transl. Eugene Rolf, Princeton University Press, 1979, p. 232ff）。

【35】 〈駁貝利醫生〉（CW 10, p. 541）。

【36】 〈心理治療的現狀〉（同上，p. 165）。榮格強調補充道：「日爾曼人最寶貴的祕密——他們的創造力和靈魂的直覺領悟力。」

【37】 同上，p. 236。顯然，佛洛伊德過分寄希望於德國人能夠依靠德國文化來抵禦國家社會主義：「一個產生了歌德的民族不可能太壞。」瓊斯著《西格蒙德・佛洛伊德》，Vol. Ill, p. 161。

【38】 同上，p. 166。

【39】 同上，〈當代事件隨筆後記〉（Epilogue to Essays on Contemporary Events），p. 227。

【40】 原件見羅馬義大利國家檔案館，NO.970，Inventario beni ex Mussolini。

【41】 〈診斷獨裁者〉（Diagnosing the Dictators），赫斯特的大都會（Hearst's International Cosmopolitan, January 1939, p. 125 and Note 12 below）。

【42】 卡爾・楚克邁耶（Carl Zuckermayer），*Als war's ein stuck von mir.Lebenserinnerungen, Frank-furt-am-main, S. Fischer-verlag*, 1966。

【43】 榮格論文〈哲學樹〉（The Philosophical Tree, CW 13, p. 285, Note 5）。

【44】 1946 年月 20 日致 E.H.Henley 的信。

【45】 〈無意識的作用〉（The Role of the Unconscious, CW 10, p. 13）。

【46】 同上，p.194。

【47】 同上，p. 179。

【48】 《心理學與宗教：西方和東方》（CW, 11, pp. 14-15, 28, 47-48）。

【49】 〈心理學對現代人的意義〉（The Meaning of Psychology for Modern Man, CW 10, p. 152, also p. 229ff）。

【50】 同上，p. 232。

【51】 雅各比（Jolande Jacobi，1890-1973），瑞士榮格分析師，因幾本榮格思想的著作而聞名。

【52】 根據 1939 年 11 月 7 日「蘇黎世公報」（Zürcher Amtsblatt）的選舉結果公告，榮格沒有入選。

【53】 1946 年 9 月 22 日致 Prof. E. Anderes 的信。榮格講述了，邱吉爾是怎樣在他女兒瑪麗的建議下選擇榮格作陪的。

【54】 歐丹克（W.W.Odajnyk）著，《榮格與政治》（*Jung and Politics*, New York, Harper and Row, 1976）。

【55】 南多．福多（Nandor Fodor），〈榮格、佛洛伊德，及最新發現的 1909 年關於吵鬧鬼主題的一封信〉（Jung, Freud, and a Newly Discovered Letter of 1909 on the Poltergeist Theme），《精神分析評論》（*The Psychoanalytical Review*, Summer 1963, p. 127）。

【56】 瓊斯著《西格蒙德．佛洛伊德》，Vol. II, p. 169。

【57】 有趣的是，應該注意到，榮格與他的朋友費爾斯 - 大衛（Hans-Eduard Fierz-David）教授 1932 去巴勒斯坦旅行，這段經歷對他來說意義重大。

【58】 〔編註〕菲奧雷的約阿基姆（Gioacchino da Fiore，1135-1202），中世紀義大利神學家，其末世論與歷史主義理論啟發眾多追隨者。

【59】 李奧．貝克（1873-1956），柏林的拉比和宗教教授。希特勒時期，他一直待在柏林的猶太社區，直到 1943 年被關押到特雷澤（Theresienstadt）。1945 年，移居到英國。

【60】 或許是指我曾引用過的「編者按」（1933），〈心理學現狀〉、〈駁貝利教授〉。

【61】 見亞菲著〈上帝意象中的意志與反意志〉（Will and Counter-Will in the God-Image），出自《神話的意義》（*The Myth of Meaning*, Daimon Verlag, Zurich, 1984, p. 98）。又見艾因西倫德（Einsiedeln）著〈個體化〉（Individuation）、〈榮格是神祕主義者嗎？〉（Was C. G. Jung a Mystic?），出自《榮格是神祕主義者嗎？》（*Was C.G. Jung a Mystic?*, Daimon Verlag, 1988）。

【62】 榮格著，《艾翁》（Aion, CW, 9, ii, p. 58.）。

【63】 修勒姆（Gerschom scholem）著，〈盧利亞和他的學校〉（Isaac Luria und

seine Schule），出自《主流的司法神秘主義者》（*die judische mystic in ihren hauptstromungen*, Chap. VII, p. 156ff。榮格的書房裡藏有這本書，他經常提到這本書。

【64】 〈致詹姆斯・克許〉（Letter to James Kirsch, *Letters II*, p. 155）。

【附論】

對揮之不去之陰影的若干思考

勞倫斯・凡・德・普斯特爵士（Sir Laurens van der Post）

該停止胡說八道了。在導致二戰爆發的三〇年代的絕望與混亂中，在戰爭本身的恐怖和精神混亂、各種聲音、解釋和隨之而來辯解中，人們指責並相信榮格是個反猶主義者或許還有一定道理，但自那以後，這特殊的幽靈就已經被根除、清理、埋葬在堆積如山、唾手可得的證據證詞之下了。

對我們這些人來說，聽說榮格被認為「反對」了什麼，尤其是反猶主義者，總覺得非常荒謬。他恰恰是個沒有「反對」精神的人。他終生都是個專注的人，不是把時間浪費在辨別和判斷生活中的公正與否，而是用於去理解人類及其最隱密的精神和動機，以及他們和周邊環境投下的陰影上。他多次對我說，他發現，理解或許是生活中最令人激動的元素。有一次他談到，客觀理解的感覺就像「惡魔般的興奮」。他認為，尋找總體並客觀地加以理解的任務，就像真正的宗教；部分和片面地看待、思考和感覺對他來說簡直就是褻瀆。他強調道，一旦理解之後，生活就會給你不可思議的慷慨回饋。

然而，那些與他最親近的，以及最瞭解他人生進程的人認為，三〇年代初的一個時期，他確實對猶太人發表過一些概括性言論，隨著納粹的崛起和法西斯主義的狂熱朝向災難性危機發展時，作為人類精神的可怕幻覺，這些言論或許讓人們根據他自己對德國事件的看法，草率地解釋為他有親納粹傾向。說到底，他畢竟出生在瑞士德語區，那時正是德國文化的顯著擴展期，容我補充一句，這種文化，比布蘭登堡和北普魯士更具有古典德國品味和南方的奢華，比波茨坦和柏林更加威瑪化。

在這樣的背景下，他的想像力必然會受到德國事件的影響。對於榮格的指控以及榮格是怎樣走到這一步的，亞菲已經處理得很好了，她非常有說服力地指出，正是因為榮格著迷於神話，深受集體無意識中原型模式思想的影響，才誘使他剎那間感到：或許那時正是復興古代日爾曼諸神的好時機。由於第一次世界大戰、凡爾賽談判結果以及隨後幾年的通貨膨脹與貧困所造成的德國精神真空，使德國人感到這些神和他們古代遊牧部落都逐漸遠去了。但是，正如亞菲指出的那樣，但這種誘惑也僅限於給國家社會主義「一次機會」，甚至他很快就後悔了，一旦他徹底看清真相：這是又一次羅馬所謂的**集體憤怒**（*Furote teutonicus*）的爆發，他馬上就千方百計地與它保持距離。

我第一次知道榮格對希特勒和衝鋒隊的看法是在戰前不久，從一個名叫尼克伯克（Knicherbocker）的著名記者給我看的一份報導中獲知的，當時他在蘇黎世採訪完榮格，途經倫敦。他聲稱，榮格是唯一真正看清德國納粹和義大利法西斯企圖，以及他們對未來歐洲構成危險的人。我相信我記得尼克伯克對我說的話，有的地方我幾乎每個字都記得清清楚楚，例如：「在某種意義上，人們可以說墨索里尼統治義大利，但不能說希特勒統治德國。希特勒就是德國。與其說他是一個人，不如說他更像個神話。他是一個揚聲器，讓人聽見德國靈魂所有的喃喃自語。」可惜，我直到戰後才遇到榮格，不過那時，戰爭和所有關於大屠殺的恐怖仍然鮮活存在我的腦海，就像剛剛發生過一樣。他對我說，越是逼近三〇年代末期，他的恐懼越是與日俱增，他出任「心理治療總會」的頭兒，純粹是為了保護處於危險之中的德國和奧地利猶太成員。我也從邁爾教授那裡聽到榮格為幫助那些不幸的執業醫師及其家庭所做的一切，以及他為此代表榮格做的事。在那些年，這些行動再清楚不過地表明，他與任何形式的國家社會主義，以及加劇對猶太人仇恨，沒有任何關係。不過，我說的那些泛泛而談還在持續，我也理解在那個極其脆弱、還籠罩在大屠殺陰影中的嚴峻時刻，這些言論對猶太人造成的猜忌和傷害。

最後需要補充的是戰爭爆發的前幾年榮格評論法西斯納粹的政治表現的大致背景。對沒有經歷過那段歲月的事後諸葛的後代來說，今天來讀這些東西，似乎顯得非常天真，膚淺得可怕，然而，對像我這樣經歷過戰爭爆發前十年那段時期的人來說，對此絲毫不覺得奇怪。幾乎毫無例外，西方世界，包括美洲和更老的英國海外領土，如加拿大、澳大利亞和紐西蘭，儘管他們並不接受法西斯納粹主義的表現，但傾向於為它們找藉口，並對其中的不祥之兆視而不見。即使世界上那些以瞭解真相預見為職業的一流的政治家和政客們，也誤判了來自德國、義大利和日本的可怕信號和絕望警告，以為這一切都會過去。像英國鮑德溫（Baldwin）那樣，他們對自己的人民隱瞞了他們的憂慮。

作為一名駐倫敦的外國記者，我有自己的消息管道，從滿洲被入侵起，我就感到威脅與日俱增，我盡可能地打破西方世界那種幾乎目空一切的冥頑不化。私人生活中，朋友不再請我吃飯，由於我越來越陷入因未來事件陰影而產生的強迫性想法中，我變得對任何事都沒有興趣。我很喜歡在一個鄉村別墅度週末，那裡常常湊成一支「大房子 11 板球隊」，與鄉村板球隊比賽，其領隊是一個鐵匠，或許就是戈德史密斯（Goldsmith）詩中的原型，聽說他們不再邀請我了，因為他們認為我的文章和訪談太糟糕了。我不止一次聽到這樣的話：

「假如你是個報人就應該閉嘴，不要給我們惹麻煩，我們會處理的。」

即使在英國外交部高層，像凡・斯塔特（Van Sittart）這樣看到納粹法西斯現象背後真相的傑出外交官，都從首相顧問位置上被排擠掉，而一名從建築部過來、因循守舊、名叫韓德森（Henderson）的高級文官，被提拔為英國首相外交事務的首席顧問。確實，世界並不想知道全部的真相，只要選擇性地挑選出想讓人知道的一點就夠了，大報只要不違背民主原則，恰當地進行報導，像倫敦《泰晤士報》傑佛瑞・道森（Geoffrey Dawson）這種人，則違背報人的職業道德，故意扭曲事件的意義。這是我們瞭解到的西方文明所經歷過的最令人震驚的背叛。

張伯倫這樣的英國首相居然會去義大利，對墨索里尼和他女婿齊亞諾（Ciano）說，如果安東尼・艾登（Anthony Eden）把他們和英國的關係搞砸的話，他就準備讓他走人。難怪當張伯倫一走，墨索里尼就轉身對一直提醒他不要低估英國的齊亞諾，評論道：「你還會說英國不頹廢嗎？」正如由拉瓦爾（Laval）發起，撒母耳・霍爾（Samuel Hoare）簽署的協議書證明的那樣，法國犯的錯誤比英國更大，相當犬儒。

我這裡給出的是眾多同樣能說明問題的事例中的少數幾個，在這種情況下，還要考慮到政治畢竟不是榮格的研究領域，他的政治缺陷也就一點都不奇怪了。此外，他的錯誤還應該考慮到，不久他就看透了納粹，在他的個人生活和職業生涯中，他努力去營救受法西斯荼毒的同事和其他受害者的生命。

無論如何，這些簡單的評述都必須放在榮格一生的背景中去考量。他說，直到三〇年代，他才開始有越來越多的機會接觸猶太病人和猶太難民，在此之前，他幾乎沒有見過猶太人。這些猶太人讓他認識到自己是多麼無知。他發現他唯一真正瞭解的猶太人就是佛洛伊德。他把佛洛伊德當作猶太人的典型。事實上，佛洛伊德是一個完全被奧地利—德國的歐洲文化同化的人，就連他自己對猶太人——他自己的根和起源——都非常無知，無意中，佛洛伊德嚴重誤導了他。這既不是抱怨也不是找藉口，而是解釋他在瑞士這種獨一無二的封閉環境中，他是怎樣在不充分的證據和知識基礎上得出一般性結論的。他發自內心感到這是一個錯誤，立即並持續進行彌補，正如亞菲生動描繪的，戰後榮格找到了英雄李奧・貝克，最後彼此和解。

既然貝克都能與榮格和解，那些沒有經歷過戰爭，無憂無慮地生活在寬容的福利社會中的人，有什麼理由翹著二郎腿繼續這種虛假的深仇大恨呢？這實在令人作嘔！假如世界上有一個人能夠代表所有受到殘酷迫害的猶太人來完全理解並寬恕榮格的話，那麼貝克就是這個人。當人們沒有資格做出自己的判斷的時候，對我們來說，是時候要嘛以亞菲引用的修勒姆的例子為榜樣，要嘛承認，為了解放所有的條頓人不惜發動最後一次恐怖戰爭，這個古老的陰影同樣也投射到了榮格身上，而這不是榮格的錯。

對榮格人格方面的指責是極其錯誤的，有些鮮為人知的事例可以表明，至今仍然存在的指責是多麼毫無根據。其中一個例子與佛洛伊德有關。當佛洛伊德的朋友們正絕望地試圖把他送出維也納時，他們轉而求助倫敦的榮格學派成員，特別是愛德華・貝納特（E. A. Bennet）。貝納特不僅僅是榮格的同僚，還是榮格和他一家終生的朋友，他告訴我，在把佛洛伊德營救到倫敦的過程中，他和他的朋友們起了重要的作用。

他們成功地說服了佛洛伊德，並把他安全地送到倫敦，當貝納特得知這個消息的時候，正和榮格走到牛津的會議廳，這是戰前最後一次在英國舉行的榮格學派大會。貝納特立即把消息告訴了榮格，榮格欣喜若狂。他當場對大會秘書口擬了一份長長的歡迎賀電，並指示他立即發給佛洛伊德。午間休會時，榮格做的第一件事就是問電報是否已經發出。令他吃驚的是，秘書說他沒有發。問為什麼，他答道：「我想這只是你的一時衝動，你會後悔的。」貝納特說他嚇壞了，因為榮格就像變了一個人似地，他從沒見過他發這麼大的火，秘書嚇得趕緊跑去發電報。

接下去是一個著名的例子，是榮格最後一次在柏林的會議。榮格告訴我，就在他們開會的時候，儘管還是白天，天空卻似乎越來越暗，一排排操著正步的士兵和納粹突擊隊員前進的嘈雜聲打攪了他們，他情不自禁地大放悲聲：「聽！先生們，歷史在前進！」

他告訴我，戈培爾（Goebbels）叫他去，他不得不去。他和戈培爾隔著桌子面對面坐著，戈培爾對他說：「榮格博士，我相信你有事要對我說。」榮格答道：「不，我相信你叫我來，是你有事要對我說。」戈培爾馬上回答：「不！恰恰相反。」這場反唇相譏的鬧劇一直持續到戈培爾勃然大怒，開始猛擂桌子對榮格咆哮。

榮格馬上起身離開，返回會議，他開始感覺到越來越不安，馬上整理好行李急匆匆回到蘇黎世。回去以後他更加不安了，因為他聽人說，一旦德國入侵瑞士，他就在第一批被槍斃的名單上。

當然，戰爭期間他寫給美國朋友和英國的像彼得．貝恩斯（Godwin “Peter” Baynes）這些人的所有信件，都表明他深切地關注著英國人，尤其是受難的人，為他們擔憂，祈禱他們勝利。即使在沒有任何跡象表明可以阻止希特勒的勝利時，他也一直深信自己的直覺——魔鬼變成的希特勒必將失敗。

從神話的角度來看，榮格的這種直覺被一個卡住整個德國人脖子的神話所證實。他從自己的研究中知道，神話是神聖的啟示，不管多麼可怕，都是再生和增長的工具。即使在神話中最黑暗中的時刻，也始終都有一種服從於創造法則的彌補性元素發生著作用，意義永遠戰勝反意義，真理必將戰勝錯誤。與表面看上去不同的是，這個神話表現的是一種在生命深處、無處不在的、超越對立面的潛力。按照「諸神的黃昏」的模式，德國將被困在某個地方，正是這種元素迫使希特勒輸掉了這場戰爭，用他自己的話來說，「就像一個夢遊的人，踏上了命中註定的道路。」命運是執行神話法則的工具，正是命運以這種方式引導他捲入戰爭：德國將在自我否定中被完全打敗和毀滅。在反納粹戰爭中，對我們許多人來說，深藏在條頓神話中的這種元素或許就是最偉大的同盟國。

可以從他反覆夢見邱吉爾，看出他在精神上對於這場戰爭的投入和他徹底反對德國的所作所為。他告訴我，他經常夢見邱吉爾，幾天以後就會在報紙上發現，恰恰就在他做夢的晚上，邱吉爾在去開羅、德黑蘭或者其他遠離戰爭前線的地方，飛過瑞士。

然而，給我留下的印象最深的是他在 1945 年 5 月，德國投降的前一天晚上做的夢。他對我說，在夢裡，他發現自己在一個大監獄，四周圍繞著高牆。突然從距離監獄很遠的地方傳來一陣由遠及近的轟隆隆的聲音，一支大部隊正向監獄大門走來。當聲音達到極致時，突然戛然而止，煞那間萬籟俱寂。然後大門敞開，一個聲音高叫著：「解放軍來了。」他看見一個穿著英式軍裝的大個子軍官走在隊伍的最前面，不斷向他揮舞帽子。軍官走近時，他認出那正是貝恩斯，他曾陪同他去非洲，是榮格心理學在英國的開拓者。就在二戰爆發的那天，他宣佈出版他的《靈魂的神話》（*Mythology of the Soul*），這是英文世界這方面的第一本書。

在我看來，榮格的作品對現代人的靈魂具有解放意義，可以透過它把變形的力量重新聚合起來，並將它運用於軍事力量的增長，這清楚不過地表明，榮格是站在恐怖和剛剛在外面的世界上演的「諸神的黃昏」對立面的。我知道，對那些具體指控榮格是反猶主義者來說，這說明不了什麼，不過，作為間接的證據，它有力地證明了榮格是個無偏見的人，至少不應該卑鄙地認為，榮格是個反猶主義者。

最後，在由編輯們選出的他的兩卷書信中，也可以找到隱藏的證據，對我們許多人來說，最重要的是，從這些書信中可以看到他自己的獨白。這些信件仍然充滿著活力，並沒有隨著時間消失，這些生動的書信使他的作品和其他人對他工作生活的記錄，重新煥發了生氣。三個編輯中有兩個都是猶太人：亞菲和格哈德・阿德勒（Gerhard Adler）。榮格從這三個編輯中挑選了亞菲陪伴他最後的精神之旅，與他一起合作，記錄下他完美的一生，並用了一個樸實無華的書名，這就是世人所知的《記憶、夢和反思》。他給了這個傳記作者極大的信任，允許她根據她自己的判斷發表任何或全部材料。有些與榮格的談話錄沒有被作者選入《記憶、夢和反思》，因為她打算放在第二卷出版。然而，出於必須尊重的原因，我們知道，亞菲至今還未出版這部作品值得關注的續集。以李奧・貝克為例（亞菲對他指控榮格是反猶主義者進行了權威性審視），還有其他比我有資格的人都無法說服那些人，我就不要幻想我能夠完全成功地說服他們了。

不過，或許我的個人證詞可以促使那些繼續沉溺於他們好奇的幻想、用輕浮的態度對待該問題的人，可以更加仔細地看清自己，並捫心自問，是什麼東西在他們本性中作祟，讓他們如此執迷不悟呢？必須清楚一件事：他們的興趣並非是出於對客觀真理的探索而引發的客觀興趣。從外部世界尋找合理性是非常不合理的，所有那些意識到，原來是他們把自己的沉重負擔強加給了那些想成為完人的人，都應該趕快去審視自己。那麼他們不難發現，在反對榮格的法庭上，扮演著奇怪角色的羨慕和嫉妒一直屢屢破產。在人類本性中，羨慕和嫉妒是一種微妙的可怕力量，它常常會把我們的個人陰影和集體陰影結合在一起。

莎士比亞的《奧賽羅》（*Othello*）或許是我們看到過的反映人類精神中的嫉妒主題最精妙的編排，他選擇黑人作為嫉妒的犧牲品，並不是偶然的——在這裡，黑人代表著始終不變的陰影。這個故事猶如黑暗中的閃電，它啟示我們，具有破壞力的嫉妒可以調動人們心裡的黑暗。某種意義上，它是決定性的，因為它既涉及集體也涉及個人，不管多少，嫉妒都會成為榮格所稱為的「個體化」的阻礙。

在這部戲劇中，嫉妒心少的人被選出來當作嫉妒心強的人的一面鏡子。妒忌心強的人常常喚醒妒忌心少的人身上的浩然之氣，使之成為毀滅的工具。這個妒忌心強的意象當然就是埃古（Iago）了：卑賤的人總是嚮往著高貴，在我們原始鄉愁（nostalgie de la boue，即法國人所謂「對鄙俗之物的懷念」）的氛圍中，嫉妒最容易茁壯成長。受卑賤的嫉妒心驅使的埃古，在這方面發揮得特別好，因為他親身體驗過這種威力無窮的煎熬，因而，在使用這種毀滅性工具方面，他是天生的專家，他用這種工具來毀滅那些沒有體驗過和不知道嫉妒心存在的人。奧賽羅在精神上是天真的，因為他身上高貴的一面使他根本不知道自己已經成為了嫉妒的犧牲品，任其擺佈，最終被嫉妒打敗，失去了自己的靈魂（即他的內在自我），無法看清楚苔絲狄蒙娜（Desdenona）實際上是清白的。

因而，我懷疑，不斷詆毀榮格的原因，根本不在於榮格因過於人性而產生的誤判，是其他方面的原因。對那些老派佛洛伊德主義者、其他心理學派，以及那些還不承認現實、權力，甚至以密爾頓式（Miltonic）的恢弘對陰影大加讚美的人來說，這種持續的抹黑或許還勉強說得過去，但那些自稱熱愛榮格的人，無論如何是說不過去的。最重要的是，這些人應該知道，在他們以各種可敬的「會議」之名試圖聚集和形成知識分子幫派的地方，就已經悄悄地聚攏了某種形式的集體陰影，並且，每個人都把自己獨特的陰暗放了進去。

榮格的最後歲月 —————— | 第四章 |
心靈煉金之旅
From the Life and Work of C. G. Jung

榮格的最後歲月

1955年秋，在我成為榮格秘書的時候，他剛剛過完八十歲生日。他的科學工作幾乎都已完成，碩果累累。當有人問起他的寫作計劃時，他滿意地說，他想寫的東西都已經寫完了。只有那些真正瞭解他的人，才會察覺到他這些話背後的一絲遺憾。他的好奇心和探索精神從未止息過，只是他的身體太疲倦了，妨礙了他從事新一輪的創造性工作。

1938年，榮格在印度染上了阿米巴痢疾，這對他的健康造成了一定的損害，並削弱了他的精力；1944年的嚴重心肌梗塞，又是一次對他健康的沉重打擊。「就是在那時，我的身體垮了，有人就這樣垮掉的！」他已到了古稀之年，然而，每一次疾病和死亡的威脅都重新激發出他的創造力，使他迸發出新的思想火花。結束印度之行後，他把主要精力放在了煉金術上，那佔據了那段時期卓有成效的科學工作的中心。從心肌梗塞中恢復過來後，接踵而至的是一段緊張的智力活動，一些最重要的作品：〈論心靈的本性〉[1]、《艾翁》[2]、《答約伯》[3]、〈共時性：非因果連接原理〉[4]，一一密集問世。這一系列作品收錄在兩卷本的《神祕合體》中。[5]他把這兩卷本稱為他最後的作品，分別於1955年和1956年付梓。就這個主題，他研究了十多年。他妻子艾瑪致命的疾病（去世於1955年），標誌著他的生命也行將結束。

1955年，他高大的身材略微有些佝僂了，甚至給人以虛弱的印象，但大多數人都沒有注意到這一點，因為他身上煥發出的充沛精力掩蓋了他的衰老。見過他的人無不受到感染，這種感染力並不來自權威。即使到了晚年，他的脾氣也很好，非常善良，樂於助人，十分幽默。這種感染力也與博學或出類拔萃的智力無關，論真正的知識以及其他專業技能方面，他太了不起了。就誨人不倦而言，沒有誰比他投入更大的熱情。用通常的話來說，榮格的感染力與權威幾乎沒有任何關係。他給人最突出的印象就是作為人的高貴，這種高貴正是與創作之神（creative daemon）和主宰自己的命運做過生死搏鬥留下的痕跡。這種感染力具有深刻的人性，它不會讓人感到害怕，使人產生壓迫感，不會讓人感到緊張，或感到渺小，而只會改變你，使你不由地產生敬畏之心。

在我擔任榮格秘書時，認識他已差不多二十年了。我是1937年接受他對我的（心理）分析的，那是在他去印度之前的幾個月。1947年，我擔任剛剛成立的蘇黎世榮格學院秘書。甚至從那個時候起，榮格就把大大小小的任務交給我：收信、在圖書館查資料、向他彙報那些寄來請他批評的文章和手稿，這些東西在他的圖書館裡堆積如山。1950年，他把我心理學方面的學術論文〈E.T.A. 的圖片和符號〉和〈霍夫曼的馬欽金壺〉（Bilder und Symbole aus E.T.A. Hoffmanns Marchen *Der Goldene Topf*）收進他的論文集《無意識形式》（*Gestalungen des*

Unbewussten，蘇黎世，1950 年）中。會見來客和主持分析研討會也是榮格的一項工作，它們有個共同點：由於都是在與日常生活隔絕的、受保護的地方進行的，從而在時間流中形成了寧靜的島嶼。而現在，一切都變了。

不用問，對兩個內向型的人來說，迫切需要的就是面對外在現實：周全地考慮當時的處境並做好必要的準備。大約在我開始工作前的一個月，我才「走馬上任」。做出這個決定是倉促的、出乎意料的。榮格對我說，希望我在任何情況下都不要在意他生氣、他偶爾的「抱怨」，以及他的勃然大怒！更希望我不要自以為是，以為自己是不可取代的。在榮格眼裡，我這個名女人，不過是個內心貪求名利的人。在他看來，對權力有意無意的貪戀，都是人性的陰影，是無數罪惡的淵藪。最重要的是人與人之間的關係。

這個誠實的老人提醒我這個敏感女人，他容易生氣，會忍不住發洩自己的煩惱。說這話，或許是經深思熟慮的，也可能是一時衝動。他身上的這種雙重性使他成為一個了真摯和值得信賴的人。直到那時，我對他火爆的一面還一無所知，我們的關係一直非常平靜和諧。也是從那時起，平靜和諧都成為了過去，我們之間的關係發生了變化，變得更為真實，也因此更加全面。

不自以為是不難，我要做的，只不過是恪盡職守，以便任何時候可以找到我，找到需要的東西。有一次，我沒做好，榮格對此表現出他的典型反應：我們建立了一個 UFO 檔案（UFO：不明飛行物或飛碟），檔案由大量有關 UFO 的書籍和技術方面的著作組成，還有來自世界各地的照片、剪報、來信、夢見飛碟的報導以及榮格自己的筆記。它們很快就塞滿了好幾個書架，我把放不下的資料裝進五、六個大文件袋，放進了兩個抽屜裡。一天下午，榮格想給來訪者看照片，卻找不到。這確實令人有些懊惱，但也並非是什麼特別的重大過失。那天我在自己的公寓工作，其實他只要讓家裡的傭人打電話給我，三言兩語就能很容易地解決問題，但他的腦子裡卻從來沒有這麼想過。每當有人提出解決類似僵局的建議時，他都一概拒絕。這並不是因為他不喜歡電話或其他現代化玩意兒，而是在於他對待事情的基本態度。他更喜歡任其發展，「別管它！」是他的座右銘之一，只要沒有危險，他就抱著一種坐視等待的態度。「管它」顯然會要求我們首先判斷什麼是例外。榮格的這種態度絕不是因為懶惰，而是來自於對生活的好奇心，是由研究對象的特點決定的。事情既然發生了，那就讓它們發生吧，不要改變它們，只需敏銳地觀察它們的發展過程，等著看會有什麼樣的結果。榮格認為存在著這樣的可能性：比起精密的大腦，生活本身知道的更多。他不會把注意力僅停留在事物本身，他關注的是事物背後的超出人類意志和知識範圍的東西。他的目標是去理解事情背後隱藏的意圖，洞悉其祕密，不管多麼微小多麼短暫。

榮格有一個小小的閃閃發亮的銅古董，他把它當做菸灰缸。有時候，裡面的火柴棍會重新燃起來，開始燒裡面的東西。這時候，任何想要澆滅火焰的熱心人都會受到嘲笑或嚴厲的喝斥。別管它！榮格會非常仔細地觀察整個過程，因為，他把燃燒的火柴棍遊戲當作一個試驗來看待。

對生命的尊重，也是榮格分析工作的一個特徵。憂慮或沮喪的患者們想從他那裡獲得勸慰是徒勞的。榮格給他們的是別的：他要患者們把痛苦視為生命中必不可少的東西，將它作為整體的一部分來接受和承受，因為，沒有黑暗和悲哀就沒有真正的生命。安撫或排斥它們，只會奪去生命中最重要的體驗。只會使沮喪繼續存在，很快又會激發出新的痛苦。

榮格的上述態度以及他對整體性的要求，並不總是那麼容易理解，也不像他說的那麼簡單，同樣，個體化和命運之路也如此。這就是為什麼無意識常常需要借助於意象加以說明。有個女患者做了一個淫穢的夢，而這個夢做得正是時候。夢裡，有人命令她鑽進「一個塞著熱傢伙的坑裡」，並把自己浸在裡面。她照做了，直到只露出一隻肩膀為止。這時，榮格走了過來，又把她推進熱傢伙裡，還興高采烈地喊道：「別出來，鑽進去！」他在蘇黎世聯邦理工學院的一次研討會【6】上曾談論過這個夢。當榮格知道自己正在為台下的男男女女，包括大量的患者們提供一把瞭解自己深奧思想的鑰匙時，他顯得興致勃勃。

榮格順從於生命中的逆流，只要它符合那一刻的內在真理。他能體驗到大多數人體驗不到的快樂，他會全身心地分享他人的快樂。只有與他交往多年的人才會發現，他是個真正的「搗蛋鬼提爾！」（Till Eulenspiegel），從來就沒有小心守護的祕密，因為他懂得生活的鐘擺遊戲，免不了會「上」「下」擺動。你有過「成功的痛苦嗎？」他會不失時機地調侃道。他知道成功會在哪裡結束。承受的痛苦會逐漸變成力量，讓人沉著冷靜，而沾沾自喜則常常會很快轉換成悲哀和不安。痛苦是一種挑戰，是一種自我轉換的力量，歡樂卻不是，並且如此稀有。

任何一種「歡樂基督教」或對傷感的美化都會極度激怒榮格。我永遠忘不了他對著一張用傳統方式裝飾、宣告孩子誕生的卡片，所爆發出來的蔑視和憤怒。生活的悲哀、歲月的不幸都是活生生的，每時每刻呈現給他的都是不得不忍受的現實。他希望其他人也有這樣的高度警覺。

有時我會帶著解決不了問題來到心理分析時間，我迫切地想跟榮格談談夢或其他重要的事，但那是不可能的，因為榮格自己也有事要講，一旦他沉浸在自己講的故事中，就會忘記時間，什麼都擋不住。在這種時候，想要打斷他、提出自己的問題是很費勁的，當然，有人提問他也從來不怪罪。我從來沒有打斷過他，其他人也一樣，但那些不主動問他問題的人會發現（可以說，在大多數情況下），有大量驚喜在等著他們。一旦他們跟上榮格一連串的思想、意象、經驗、直覺、夢、放大、釋夢，只要跟得上，他們根本不必思考，就會突然驚訝地發現榮格說的話題相互之間的關係越來越清晰，最後給出的答案正是他們想要問榮格的，可是他們並沒有提出過問題。「他具有驚人的直覺，」一個英國人曾這樣評價榮格。自然，這些座談會是例外；一般來說，榮格是最有耐心的，對他的聽眾十分關注。不過，假如可能，還是那些他進行談話日子效果更好。

儘管藥物治療被認為是「對自然的干擾」，但作為一名醫生，榮格當然也不反對。他只是對使用安眠藥非常謹慎，尤其是他自己服用的時候，儘管他早已過了八十歲，但還是有幾次，他認為求助於安眠藥是一種「道德上的失敗」，這令他感到痛苦。通常，他的睡眠很好，睡得很深，睡眠很充足，這讓他不僅體質良好，還和無意識保持著密切的積極聯繫。睡眠是他精神力量的源泉，每當與無意識的密切聯繫（睡眠）受到干擾時，他會非常惱火，甚至有些難為情，就像**大母神**（the

Great Mother）被兒子冒犯那樣。隨後，他就會耐心地試圖改善睡眠，找到重新入睡和通往夢境的大門。他透過改變白天的作息時間，非常成功地做到了這一點。假如他正在寫書的話，就會把它擱置一邊，下午的會客也取消了。他用這種方法讓自己擺脫時間的約束。他不用再考慮時間，任其流逝，沉浸在自己不斷產生的意象和思想中。通常，外在的平和很快就會使他恢復睡眠。受到干擾的睡眠在他的波林根塔樓裡[7]恢復得最快。早些年，他常常獨自一人在那裡一住就是幾星期，尤其是在船上隨波漂流，會帶給他放鬆和內在的平靜。

有一次，一個淳樸的年輕女孩出現在他的諮詢室，她是索洛圖恩州（Solothurn）的一名鄉村教師，是一個榮格不認識的醫生把她送到這裡來的。她幾乎通宵失眠，因找不到正確的治療方式而苦惱，失眠使她無法應付日常生活，她需要的恰恰就是放鬆。榮格試圖讓她明白這一點，並告訴她，他自己就是透過在湖上泛舟獲得放鬆的。但他從她的眼神中看出，她聽不懂。這令他一籌莫展，因為他想幫助她，而這是他唯一可以提供給她的方法。

我談到船、談到風，這時候，我聽到我母親唱給我小妹妹的搖籃曲，我八、九歲的時候，她也常常唱這首搖籃曲給我聽。歌中描述的是萊茵河上，坐在船上的小女孩和一條小魚的故事。我開始有意無意地用這首搖籃曲的調子哼唱起我正在對她談起的風、浪、泛舟和放鬆。我哼出了這些感覺，看得出，她「入迷」了。

多年以後，他在一次訪談中對瑞士記者杜普蘭（Georges Duplain）講述了這個故事。[8] 在法文版中，最後一句話譯得更為美妙：Jai chantonné ces sensations. Et j'ai vu qu'elle était 'énchantee'。

諮詢結束了，榮格不得不把女孩送走。兩年後，在一次會議上，他遇到了當時送來那個女孩的醫生。醫生逼著榮格告訴他，他採用了哪種治療方法？他說，因為那個女孩去過庫斯納赫特之後，她的失眠症完全治癒了，以後再也沒有復發過。他覺得榮格能夠只諮詢一次就治好她，這太不可思議了。女孩告訴了他一些關於泛舟與風的故事，但他還是搞不清榮格到底使用了什麼方法。自然，這使榮格感到相當窘迫：「我該怎樣向他解釋呢？我只不過是聽到了自己內在的聲音。我一到水上就平靜。我怎麼告訴他，我學我母親的聲調唱了一首搖籃曲給她聽呢？魔法是最古老的藥方。」

即使到了晚年，想讓榮格休息、少做些事、好好待著也是很難的。這不是因為他性子急，沒有人比榮格更有耐心了！他之所以不停地工作，是出於他對時間本身的責任感。留給他的時間越少，他就越注重時間，這是個令人難以平靜、迴避不了的問題。因而，他嚴格守時，與人約會精確到以分計算，從不讓任何人等他。

儘管科學家和醫生的工作佔據了榮格最多的時間，但他認為，還有許多活動同樣有意義，工作只不過占首要位置而已。什麼時候去田野、什麼時候去花園幹活、什麼時候去旅行、駕車和划船，什麼時候雕刻、繪畫、發呆，以及什麼時候烹飪、玩遊戲、跟人交談，還有其他許多事，對他來說都是非常重要的。榮格生了一場大病後，我第一次去拜訪他，看見他躺在一張面對著花園的走廊長沙發上。在他旁邊搆得著的地方，堆著一大堆玉米棒。他正認認真真地把它們剝殼，整整齊齊地放進一個棕色的大泥罐裡。雖然這對他來說只是消磨時間和打發空虛，但也是生活的一部分。

榮格是一個瑞士好公民。即使到了晚年，只要不生病，他都會去投票。瑞士人都知道，投票意味著責任和義務。假如榮格覺得餘興正濃的話，他會叫來跟隨他多年的園丁兼司機赫爾曼．穆勒（Hermann Muller），讓他找一些相關的報導，結果這常常會導致一場面對面的政治辯論。榮格屬於「自由思想派」，或者說屬於民主黨。順便說一句，他支持婦女投票，當時瑞士的婦女還沒有投票權，這在當時是一個熱門話題。遇到政治危機時，他就讓人把一些外國報紙、雜誌，尤其是英國的《聽眾》（*Listener*）、美國的《國家地理雜誌》（*National Geographic Magazine*），以及《大西洋月刊》（*Atlantic Monthly*）送到家裡來，以滿足他對於政治和其他方面的資訊需要。

從年輕時候起，榮格就開始收藏雕刻品，大部分都是他在巴黎買的「古董」，那時他正在薩博特（Salpétrierè）醫院的皮埃爾．賈內（Pierre Janet）【9】手下工作。大量收藏亞洲小型雕像是後來的事，最後才是煉金術方面的珍貴藏書。所有這些豐富了他生活、裝點了他房子的東西，都是他精心呵護照料的對象。他的收藏範圍還擴大到一些小的日用品：菸斗、鉛筆、筆架、膠管和書寫紙。我其中的一項工作是收集來信中那些未寫字的空白紙，用辦公夾夾在一起，然後把它們放在他的書桌上。他把這些小紙片作為插頁，夾進他寫在對開本上的手稿裡。他用一把大剪刀剪下這些小紙片，黏在手稿的空白處。因為不想浪費，他一直使用從信上剪下來的紙張。這個習慣來自於他童年和青年時代的經歷：他的父親僅有一份神職人員的微薄收入，從學生時代起，他就不得不自己賺錢，至少賺取部分費用。為了賺錢，他倒賣過一個親戚的古董。榮格瞭解貧窮的滋味。

但也有其他方面的原因：對榮格來說，東西本身就有它的意義，因而必須精心呵護。「東西會報復的！」有一次，我把東西放錯了地方，也許是弄壞了什麼東西（我不記得是什麼了），他威脅要敲我的頭。東西是生活的一部分，反映一個人的存在，有助於凝聚他的靈氣。對榮格這種直覺型思想家來說，更是如此，因為對直覺來說，物質世界是永不枯竭的奇思妙想源泉。不可思議的是，東西常常以最奇特的方式出現在他眼前。有時候，東西就像中了魔法一樣，怎麼都找不到。在那座大房子裡，這種怪事是找不到原因的，要找也只能在榮格身上找。「藍色的菸灰缸又像中了魔法一樣不見了！」他會用思覺失調症患者特有的表情嘆道。只有在最迫切的情況下，他才會同意我們去尋找被變走的東西。一般來說，這種尋找通常是徒勞的，純屬浪費時間，並且，絕對可以肯定，常常過不了多久，在一個美好的日子，這些東西又會「魔法般」地回來，就好像什麼事都沒有發生似地再次出現，什麼都沒有丟失。

對於任何一個像榮格一樣對東西傾注著如此多關注的人來說，東西本身就開始獲得了生命，過它們自己的生活。它們開始講話，與藏在自己背後的東西交流。東西並總不是「死」的，有時它們似乎參與了生活的遊戲，反映出人們的心情和思想。這就是為什麼各種古老傳說和詩人們都談到過自己斷裂的戒指和鏡子、掉下的畫、停下的鐘等等，以此來公開那些大腦尚未察覺之意義重大的事件。榮格也體驗到了大小宇宙、外內在現實之間奇妙而深遠的聯繫。有誰像榮格那樣注意到岸上的死魚、撲向窗戶的金龜子、慢慢熄滅的火，以及雲的形狀，將它們看作為有意義的事件呢？究竟有誰注意過它們呢？

他在一封信（1957 年 5 月）中寫道：「『你應該與你最熟悉的東西重新交朋友，』這話是尼采說的，但卻沒有做到。他只是說說大話，陶醉於自己的語言。即使是東西，由於它們本身固有的意義，當我們提出問題時，它們也會回答我們的問題。它們聽得懂我們的想法，每當我們寂寞時，它們就會成為令我們愉快的夥伴。」

在榮格觀察內外在世界時，他是完全天真的，完全沒有自我意識，沒有任何的偏見。觀察屬於感覺世界，這方面是他的「劣勢功能」（inferior function），他高度發達的是直覺和思維。由於劣勢功能接近無意識，因而它就成為了一條通向創作源泉的祕密途徑——這就是「大拇指湯姆」這個古老童話的主題：最後，湯姆成功地殺死了龍，找到祕密寶藏，並娶了公主。只有意識與劣勢功能結盟，才能激發出創造力。這就是為什麼給英雄分配任務並褒獎他的總是老國王（意識的主宰者）。

作為一個傑出的思考者和調查者，榮格為重新看待事物建立起了一種嶄新的、與眾不同的層級結構。他幾乎從來不會停留在主觀經驗、預感或觀察上。只有把它們盡可能地想透，徹底探究過它們的聯繫和背景之後，他才會產生將它們寫下來的衝動。因此，他對事物及其古怪行為的觀察，構成他科學洞察的起點。這使得他建立起一種全新的原則，用以補充因果率解釋的不足之處，即，共時性原理。

榮格願意順其自然，喜歡事無巨細地觀察事物，但這並不意味著他遵循的是一條直線和僵化的規律，也不意味著他喜歡一成不變。相反地，榮格是高度不一致的，他也清楚意識到這一點。在他的著作裡，有許多公式似乎也是不一致的。然而，心靈的本質就是非線性的，並不總是遵循著邏輯規律，這些不一致只是表面的不一致，比線性思維更能反映出心靈的真相。因此，有一天榮格誇獎我，說我已經獲得了不一致，其實可說是一種很高的表揚，儘管聽上去有些奇怪。榮格的反覆無常令許多人望而卻步，這也是他的作品被人貶低、不把他當作男子漢的一個原因。這確實也讓我抓狂，尤其是因為，正是他強大的個性決定了他在日常生活中的行為方式。不過，任何人只要跟他相處時間長一點，就會發現，那些表面看似矛盾的事背後都隱藏著內在的規律。假如我做了一件使他滿意的事，並打算下次繼續用這個方法的話，這在他看來是絕對錯誤的。任何時候，只有當時湧現出來的、嶄新的、自發產生的，才是正確的方法。即使在日常工作中，正確方法也始終都只是一時的真理。假如我隨心所欲地做完了一件嚴肅的事，會發現，比起循規蹈矩地完成這件事，我從中獲益更多。並不像人們以為的那樣，這樣做並沒有讓事情變得更難，而是更為輕鬆，因為任何時候都需要放鬆。

榮格的生活方式既是高速公路，也是羊腸小徑；既是和諧的，也是不和諧的。不言而喻，兩者同等重要。對許多常常把「和諧的理性」掛在嘴邊的人，他會諷刺道：「說這些話的人，大多是感覺型，」因為，這並不符合生活的真理，也不符合人性的真理。長遠看來，這種和諧是無法持久的，這些人遲早會以失望告終，感受到生活的不和諧。對榮格來說，最好是更為誠實、更為明智地看到不和諧的可能性。一旦產生極端不和諧，也不要迴避，最好是透過坦率的談論以及隨之而來帶著理解的沉默，去克服這種不和諧。他喜歡講他一個患者的小女兒的故事：她的父母親一直過著和諧的生活。他們從不高聲說話，很有教養，相當富有，生活井然有序。但是，小女孩卻經常去鄰居家，後來待的時間越來越長，最後變得整天不回家。不久便發現，她這種奇怪的行為背後是有原因的：這是因為父母親和兄弟姐妹過分寵愛她了。埃爾維拉（鄰居家的義大利女僕）向她的母親解釋了其中的原因。埃爾維拉那麼激動地解釋這件事，她一貫如此！她對天發誓說，這是因為小女孩很享受被尋找和離家出走的感覺。長時間的和諧會使人麻木，簡單地說，就是使生活變得枯燥乏味。或許小女孩也察覺到了和諧背後隱藏了什麼。榮格對孩子們的判斷高度準確，對他們的反應極其敏銳。

榮格所謂的兩個人彼此「坦誠相見」，意味著既不要歸罪他人，也不應該剝奪他「高貴的自責」。

只有在公共的集體性關係中，在非朋友圈子裡，榮格才會對主觀感情的流露有所保留，控制自己的情緒。在任何公共社群集體中，情緒都具有潛在的危險，它們很容易引起無謂的爭吵，使可能的合作變得困難。在群體中，調節好情緒（情緒好會帶來獨立客觀的批評）是圓滿完成工作的前提。

平時與朋友在一起的時候，榮格會放任自己的情緒，不管是正面還是負面的。早幾年前，他的笑聲像號角一樣嘹亮。每年的八月會都在摩西亞（Moscia）的艾瑞諾斯之家（Casa Eranos）那裡舉行會議，有一次，一個和善的中年陌生人來到露台，沒有一個人認識他。他為自己的不請自來表示歉意，並解釋了原因：他想見見那個縱情大笑的人。他當時正獨自一人前往布里森，路過「艾瑞諾斯之家」上面時，情不自禁地被那笑聲感染了。當然，榮格一下子就被他吸引了，立即與這個陌生人交談了起來。

可以把阿伯特・奧瑞（Albert Oeri）回憶榮格學生時代的這句話作為這段插曲的花絮：「榮格很少笑，一旦笑起來就是放聲大笑。」[10]沒有比榮格更喜歡笑的人了，也沒有人像他那樣能夠逗人笑。只不過，在他妻子去世之後，他的笑聲就越來越少、越來越安靜了。

但他幽默和喜歡開玩笑的習性始終沒變，即使在發火和抱怨的時候，幽默和玩笑也會作為伴奏音樂出現。榮格從不會放過任何惡作劇的機會，也不會忽視任何一個微小的錯誤。一旦開始找碴，就會沒完沒了。從本質上說，抱怨是情緒的安全閥，是對那些破壞工作、擾亂思想的小鬼們的譴責。剛開始作秘書的時候，每當榮格仔細閱讀我放在他面前讓他簽名的信件時，我都會忐忑不安。每一個小錯誤都會受到他的百般責難，不過很快，報復的機會就來了。在他對我百般挑剔之後，結果卻發現錯誤竟然是他自己造成的。我很快學會了他那一套，以此作為屢試不爽的武器：我逗他笑，至少努力嘗試逗他笑。然而，當真正的風暴來臨時，這種武器就會失效，無計可施時，我只能嚴肅地問自己：風暴是怎樣掀起的，又該怎樣承受。儘管他早就提前提醒過我，不要把他的暴躁當回事。不過，只要我第二天裝得蠻不在乎，又出現他面前繼續工作時，他會對我感激不盡。儘管大多數情況下，他不會再提發火的原因，但有時，經常是很久以後，並且總是在我已經不再想這件事，一字不提的時候，榮格卻意想不到地向我表達他的感激之情。這些鄭重其事的道歉使得大事化小小事化了，但聰明的做法還是從中吸取教訓。很少有「十級風暴」的情況，假如真的發生了，榮格會發自內心地請求我原諒。

他的不耐煩不僅因為他的脾氣（他是獅子座），還因為他極度敏感，這種敏感既豐富了他的人生，也令他感覺沉重。說豐富是因為，就像我曾經談到過的那樣，過度敏感使他獲得了高度發達的分化意識；說沉重，是因為容易觸及到他的個人隱私，並表現為神經過敏。榮格的過分敏感，使他的感情容易受到傷害，為了不讓它們表現出來，他只能儘量克制。這種情況通常發生在他看到別人的缺點也恰恰是他自己最難以容忍的缺點的時候。有一次，因為我的過分敏感，讓他大發雷霆，並指責我對權力有種隱密的貪欲。敏感總是伴隨著苛求與獨斷！沒過多久我做了一個夢，在夢裡，我痛苦地感覺到七層褥子下的小金球——真正的公主的豆！當我把這個夢講給榮格聽的時候，可想而知，引來他的一陣大笑。但接著，他變得嚴肅起來，開始說起自己：從非常年輕的時候起，敏感就一直折磨著他，妨礙了他與其他人的關係，讓他變得不自信，敏感讓他感到害羞，但同樣因為這種敏感，使他察覺到了美，並體驗到其他人做夢都想不到的東西。他的這種敏感，即使到了晚年也無疑令他感到苦惱，儘管那時他已不再抗拒它了，能以最自然的方式表達喜悅、悲傷與憤怒。這種率真是安全閥，讓他隨心所欲地做更重要的事。這讓他獲得了內心的平靜，用東方語言來說，他「放空」了。

公平地說，必須考慮到榮格不耐煩背後的耐心。在他發表任何一個字之前，為了證明他的科學發現，需要他幾十年如一日全心全意投入研究，這需要多大的耐心啊！[11]他必須忍著多大耐心，才能為他的患者找到正確的治療方法啊；面對世界、面對廣大讀者，面對一貫誤解他的評論家，他需要多大的耐心啊；最後，面對自己，面對他的創作之神，尤其是面對自己日漸力不從心的身體，這需要多大的耐心啊！

「只有受過傷的醫生才懂得治病。」這是醫神艾斯庫累普（Aesculapian）的智慧箴言。榮格的耐心是具有懲戒意義的，來自他一次次不耐煩的磨練。榮格曾對他的學生說，個體化道路需要最大程度的耐心，對待患者也同樣如此。人們多次聽到他說起煉金術格言：「Omnis festination a parte diabolic est」（所有的魔鬼都匆匆忙忙），或「In patientia vestra habetis animam vestram」（你的靈魂就在你的耐心裡）。

榮格顯然是視覺型的，而他的聽覺功能是隱性的。儘管他對音樂的感覺受到他敏感的影響，有時甚至成為干擾，有時甚至因他過分敏感而干擾，但他並不像人們所認為的那樣缺乏音樂天賦。他非常欣賞巴哈、韓德爾、莫札特，以及前莫札特時代的音樂。他對黑人靈歌有著強烈的愛好。有一次，他在自己的新留聲機上聽舒伯特的 D 小調絃樂四重奏時，不得不關上留聲機，因為他太感動了。貝多芬的奏鳴曲令他痛苦，晚期的四重奏攪動得他幾乎難以承受。他不常在留聲機上聽音樂，他聽的最多的是職業鋼琴家在他庫斯納赫特的房子裡用三角鋼琴演奏的音樂。最後在那裡演奏的是俄羅斯的安妮雅・朵夫曼（Ania Dorfmann），榮格對音樂的鑒賞力給他留下了深刻印象。

在榮格的生活中，個人問題從來沒有佔據主要的位置。真正重要的事情都是非個人的。有一次做心理分析時，我想對他說說我和我父母的關係（經典分析中的 pièce de ésistance〔最重要的事〕），他一個字也不讓我說。「別浪費你的時間！要知道，我看一眼就知道一個人和他父母的關係！」

這並不是說，其他接受心理分析的人不必告訴榮格自己和父母關係的細節：並非一成不變！儘管在對我做分析時，個人因素退居到了後位，但在需要的時候，它們就會被提出來。這就是三〇年代，榮格對我進行心理分析時對我說的話，那時，榮格給我這個移民各種工作，讓我賺錢，為我做分析時也沒向我收費。

如果病人的問題是由外在因素而引起，也逃不過他的眼睛，他從來不會忽略任何身體上的缺陷，以及病人的健康狀況。他剛剛成為一個臨床醫師的時候，還不知道身、心兩方面都應該得到同樣的關注，卻把身心問題都當作純粹的心靈問題來對待，不用說，這意味著他是個不稱職的醫生。對待小事他也考慮得同樣周祥。在波林根時，假如有客人疲憊不堪地來找他，他就會跟他寒暄幾句後把他安置在湖邊躺椅上，給他蓋一條毯子，讓他一個人待在那裡，直到他休息夠為止。

一般人都對私生活有好奇心。讀者希望深入瞭解偉人的生活，並通過外在細節探知他們之所以顯赫的祕密。在榮格的回憶錄中，幾乎完全沒有涉及到私人生活，這讓期待看到榮格與最親近的人日常閒聊的許多讀者倍感失望。不能說榮格寫的是「無關的東西」，這種批評指責是不成立的。榮格的目光始終投向的是非個人的、隱藏的原型背景，他只願意透露與原型有關的個人生活。如果說，榮格有權對他的私生活保持沉默，拒絕迎合大眾的願望，沒有寫出他清楚意識到會造成某些後果的東西，這是因為，那些是他自己的事，和別人無關。他以沉默保護了他的私人關係。

他的書房裡有個鑲著綠瓷磚的漂亮老式火爐，在火爐裡焚燒信件，是一個既莊嚴又令人愉快的時刻。有一次，他拍著熊熊燃燒的火爐，就像拍著老朋友的肩膀一樣，大笑著說：「這傢伙知道我的心思！」

榮格擁有著驚人的記憶。令人驚歎不已的是，當他已八十多歲時，仍然還記得童年時代最早的夢。他為寫回憶錄而口述的夢，與四十年前記下的同樣的夢，居然每個細節都沒有任何不同，有時甚至連措辭幾乎都一模一樣。榮格永遠令我驚訝。他解釋道，內在世界的經驗，尤其是夢，隨著筆尖的滑動，已經永不磨滅地銘刻進了他的記憶。他很少會用不同的方法講述同一個夢。他對客觀的事實、日期、名字、地方、觀念，以及曾經讀到過、聽到過的東西的記憶，同樣是無與倫比的，它們都構成了他龐大知識儲備的基礎。然而，當他的記憶涉及到個人事件的時候就完全不一樣了。這時的他常常看起來就像個心不在焉的教授，即使我提醒他，比如說：「你確實說過」或「這是早就說好的」等等，他仍然毫無頭緒。「幸虧我的記憶記不住私事，」他常常如釋重負地喊道。在任何分析中都會出現的眾所周知的情緒和典型的移情併發症，他也會立即忘掉，這對於他和接受分析的人來說，都是非常好的。只存在著片刻的真理，不管是正面的還是負面的，而整體的真理，就是從這許許多多的片刻真理中逐漸凝聚而成的。

與榮格一起出席艾瑞諾斯會議是非常快樂的。學生和病人們都傾巢出動，一般總有十幾個人，女性居多。我們這幫跟班並不在乎被詆毀為「榮女郎」或「狂女」，為此我們不惜犧牲聲譽。我們平時除了諮詢時間，很少有機會與榮格交談，但在這裡，我們這幫跟班可以在一起度過十天的會議期，這些講座把我們這些人緊密地團結在一起。隨著思想的開展，榮格變得越來越妙趣橫生，我們可以隨心所欲地問他許多問題。演講廳正對著露台，一堵矮石牆把花園與湖隔開。演講之間有半小時的休息時間，演講結束後，榮格常常在矮牆上坐著，這時候，我們會一下子把他團團圍住，就像一群蜜蜂圍著一個蜂蜜罐，這令其他參會者極為不快，因為妨礙了他們在平台上的活動。而對我們來說，這是一種絕對快樂的問答遊戲。不必說，肯定是他講得最多，不過在我們的簇擁下，他還是興致勃勃，儘管我們的提問都非常簡短，但得到的回答既圍繞主題，又層層展開。這些「矮牆會議」是令人難忘的夏日高潮。當埃里希・諾伊曼也出現在這裡的時候，我們這幫人的角色就變了：這時候，變成了他倆之間的對話，我們就成了純粹的聽眾。

最初幾年的會議期間，榮格住在阿斯科納真理山（Monte Verita）的塞米勒斯米斯別墅（Casa Semiramis）。後來，步行、甚至就連開車去摩西亞（Moscia）都會讓榮格感覺疲倦，於是，會議的創辦者佛洛比女士（Olga Fröbe-Kapteyn）就把他和他夫人安排到演講廳上面一套舒適的房間裡，演講廳與她自己居住的加布里埃爾別墅（Casa Gabriell）在馬焦雷湖（Lago Maggiore）畔的同一塊地方。從那時起，榮格便常常邀請我們去看他，一個是因為不舉辦「矮牆會議」了，另一個原因是他想告訴我們正在他頭腦中形成的奔流不息的新思想。通常這些思想都是圍繞著別墅前桌子上的演講或談話展開的，演講者每天都會一起露天坐在加布里埃爾別墅前面。

有一次，那肯定是二十年前的事了，我們在艾瑞諾斯別墅的露台上舉行了一次夜宴，從那天起，「Nekyia」[12]的傳說就開始流傳了。儘管沒有「伴舞的」音樂，但喧囂聲還是飄出湖面很遠。周圍鄰居都紛紛帶話給佛洛比女士，抱怨她打破了這裡一貫的平靜，但根本沒用。榮格有些醉了，差不多每個人都醉了。榮格完全陶醉在自己的歡樂中，鼓勵那些還沒喝醉的人向酒神戴奧尼索斯致敬。他到處走來走去，把他的俏皮話、惡作劇和酒神精神表現得淋漓盡致。只有詩人才能描繪出這種歡樂，描繪出這種放縱的「海上夜航」，也只有在艾瑞諾斯城堡，才有這樣的狂歡。就是那一夜，有人偶然將我們叫做「狂女」，這個稱號從此就傳開了。

榮格對旅行有著強烈的興趣。他終生都想對這個地球、各個國家、各個種族有更多的瞭解。他的回憶錄裡記錄了他的非洲之行、印度之行和美國之行。他會全力以赴地為他學生們的旅行找出最佳的出行方案。有一次，我計畫去地中海旅行，其中包括突尼斯和阿爾及爾，最終的目標是去夢寐以求的撒哈拉沙漠。榮格極為興奮，並幫助我克服我的焦慮和不安。就在我出發前的兩個星期，我做了一個焦慮的夢。我發現自己在一個非洲山區，突然傳來轟隆隆的聲音，地震了，我從峭壁上滾落，以驚人的速度墜入深淵，不過沒有受傷。很快，地球又恢復了平靜。自然，這個夢讓我感到非常害怕。既然我已意識到了我的焦慮，無意識還有什麼必要將這種焦慮呈現給我呢？這個夢意味著什麼呢？當我把這個夢講給朋友們聽的時候，不管是不是心理學家，他們都強烈建議我取消這次旅行：必須認真傾聽無意識的提醒。榮格則不然：不要讓這次旅行泡湯！當然，我必須繼續我的旅行計畫，我也不得不接受冒險。無意識就是自然，就像大自然一樣，既能拯救人，也能毀滅人。不管怎麼說，我們都得有意識地面對、探索，並改變自然。這就是我們終其一生需要面對的風險。

想不到，這卻成為了一次奇蹟般的旅行。在我們聽到阿加迪爾（Agadir）地震的消息之前，我根本沒有再想過那個夢。儘管我們的探險隊離阿加迪爾還有一段距離，但我們還是對這個災難性的報導感到無比震驚。

幾乎沒有人會對他人的旅行見聞真正感興趣。當旅行結束以後，當時投入熱情的無數照片和明信片就是個笑話。但榮格不是這樣的。他會懷著濃厚的興趣跟隨著你的旅行故事，深入地研究每一張照片。因為這常常會喚起他的記憶，讓他想起自己的旅行。因此，當我和他談起旅行時，旅途中的情景又歷歷在目，讓我不時重新發現曾經被忽視的東西。

榮格在講故事方面有卓越才華，聽他講自己的旅途經歷是一種享受。在他的晚年的時候，一次由他的美國朋友奧勒·麥科密克 (Owler McCormick) 開車，露絲·貝利（Ruth Bailey）小姐作陪的瑞士境內旅行讓他開心壞了。露絲小姐是他家的老朋友，榮格妻子去世後，她成了榮格的管家。史前遺址、羅馬古蹟和具有羅馬風格的文化，都是他最喜歡走訪的地方，他喜歡住在美食對他胃口的鄉村客棧。年輕時，他曾騎自行車去義大利旅行，他喜歡找那些外面泊著卡車的客棧逗留。他由此瞭解到，卡車司機們都不挑食，而旅館老闆都吃得很好。

這次旅行回來後，他把我們的工作擱置一邊，對我繪聲繪色、津津有味地講述起一路上的所見所聞。他經久不衰的興致和生動的記憶雄辯地證明了他過著一種非常健康的生活。

榮格平時講巴塞爾德語，在我這個習慣於高地德語的人看來，巴塞爾德語聽起來就像快樂的鳥鳴。每當他遇到會講巴塞爾方言的人，不管對方是誰，他都會欣喜若狂地用他還會說的、已過時的語言與對方聊起來。偶爾他也講官方巴塞爾德語，例如說和魯道夫·伯努利（Rudolf Bernoulli）教授談話的時候。他跟我講的是高地德語。他非常喜歡英語，說得流利也愛說。隨著他的著作在美國和英國越來越受歡迎，他的英語通信與德語通信差不多一樣多。他喜歡在講巴塞爾德語或高地德語時夾雜些英文單詞。他能夠流利地說符合文法的法語，只是不像他說英語那麼有親和力。他可以毫不費力地讀拉丁文和希臘文本，不過，在正式出版之前，他還得請人幫他翻譯。1926年的非洲行之前，他還學了史瓦希利語，這在肯亞和烏干達與土著閒聊時派上了用場。他不懂希伯來語，這是他最大的遺憾，尤其是他後來讀了猶太祕教的翻譯文本後，他更願意閱讀原文。但對他來說，這個時候開始學習一門新語言太晚了。他對阿拉伯文一知半解，可能是他年輕時從他父親保羅．榮格牧師那裡學來的，他父親學的是阿拉伯語專業，而不是神學。

榮格與他子孫和女婿們的關係都很融洽。他妻子去世後，他的四個女兒、女婿（每個人都是他們自己大家庭的中心）都會輪流過來陪他待一段時間。更早些年，兒子是他最好的划船夥伴，現在他一家人都住在庫斯納赫特，直到榮格去世，這對父子都還是波林根鄉村生活中一對划船的好搭檔。

當我第一次坐在庫斯納赫特家中的辦公室時，我忐忑不安地等待著即將發生的事，辦公室在底樓，廚房和寬敞客廳之間的窗口正對花園和湖。榮格已准許我去閱讀他信件的副本，因此，時間過得飛快。十點鐘，他出現了，這是我們每天開始工作的時間。通常我們會工作到正午。我聽見從走廊那邊傳來他緩慢的，甚至有些拖遝的腳步聲。我必須承認，在所有那些歲月裡，每次當這個老魔法師靠近我時，我都會情不自禁地激動起來。直到今天，我的內心依然回蕩著那天的腳步聲。

那天早上，我要做兩件事。因為他的妻子病得很重，家裡的氣氛很沉悶，令我感動的是，榮格承擔起了主人的角色。剛請來了一個新廚師，榮格讓我記下他說的一週裡每天的午、晚餐菜單。然後我們上樓去了書房。他從口袋裡掏出一把小鑰匙，打開嵌進牆裡的狹長保險櫃，他把這塊地方稱作他的「祕密基地」（cache）。他從保險櫃裡取出一把碎成四片的麵包刀，這把刀隨著一聲巨響爆裂了，那時他還是個大學生，剛剛開始研究靈學。他讓我把這四個碎片黏起來，說完就走了。

榮格的信件堆積如山，不少是訴苦和抱怨。口授回信顯然令他疲倦，但卻是他生活的重要部分。隨著他的力比多停止流向科學創作，回信就成了他原創性思想的儲備庫，所以，他晚年的回信也越來越多了。首先，這些信建構了他跟世界的聯繫，對他這個正過著離群索居的內向生活的人來說，他心甘情願地為此付出辛勞。他自己也不得不承認他需要這些來信。不過，在他度假的時候，有些在我看來不必要回覆的信件，我就很少寄出，儘管他表示理解，但還是認為我不該這麼做。來信中，許多是對他的著作提出的問題或對著作的評論，因而對他來說是有意義的。就像任何一個有創造力的人那樣，這些來信正是他所需要的。除了那些使他欣喜如狂的信之外，也有些來信是令人不愉快的，但至少證明他的聲音被聽到了，他的作品被讀到、被討論過了。

或許他最需要的就是來自外界的反饋，因為，直到那時，他還根本沒有建立起自己的科學聲望，這令他極為痛苦。不過，從根本上來說，他理解並接受這種科學「局外人」的說法，因為他知道他的思想遠遠超出同時代人的理解。「對我的作品，我從來就沒有指望過能獲得強烈的回應或共鳴，」他在自己的回憶錄裡這樣說道。「這些作品代表著對我們這個時代的補償，我被迫說出人們不願意聽到的東西……我知道，我說的東西不受歡迎，畢竟要我們這個時代的人接受這種對意識世界的平衡，是困難的。」【13】不管是那些令他開心的來信，還是讓他生氣的傻瓜們的批評和評論，都令他喜出望外。讓這個世界理解並接受他，對他來說始終都是一種無法抗拒的誘惑。對任何提出採訪要求的記者，榮格都不拒絕，除非身體不允許。儘管每次都會猶豫一段時間，但最終幾乎都會和每個採訪者約定時間。可以想像，榮格有時會對報導出來的東西感到失望，或被激怒，尤其是那些沒有事先經他過目就發表的訪談錄。他從不在乎他的語言和思考方式對局外人是否難以理解；也不考慮他的語言、他的聲音和他的姿勢造成的強而有力影響，以及他的人格魅力對聽眾造成的迷惑性：他認為，他知道為什麼這個世界還不理解他。榮格由衷感激那些成功的訪談，例如伊利亞德（Mircea Eliade）、杜普蘭（Georges Duplain）、格斯特（Georg Gerster）、揚（Gordon Young）、埃文斯（Richard Evans）、費德曼（John Freeman）所做的訪談。[14]

榮格難得主動寫信，但在他晚年的時候，除了必須回覆的私人信件之外，他意識到自己還有責任盡可能地回覆來自世界各地的信件。明顯的證據就是，他的大量回信都是寫給不認識的人的，卻很少給那些著名或顯赫的人回信。任何時候，他都不會輕視讀者來信中提出的問題，無論對方是一個不諳世事的女人還是一個頭腦簡單的男人。他會認真地對一個年輕女孩解釋她不懂的東西，甚至會給一個囚犯提出忠告。例如有一個美國人，他把自己描述為：「我只是一個小人物，五十八歲的包裝工人，」但榮格還是盡可能地回答他的問題：榮格自己是怎樣思考來生的。每當他發現他的思想被人注意時，他就特別高興。他喜歡誇張地說：「芸芸眾生」比知識分子更理解他。他常常說起一個貧窮的、沒受過多少教育的女人，寫信說她最大的願望就是有生之年能見他一面。她和她的兄弟在一個小鎮上經營小報攤。於是榮格邀請她過去，當問到她是否讀過他的書時，她說：「你的書不是書，而是麵包。」還有個走街串巷年輕猶太人的故事。有一天，此人在榮格家門口攔住他，用他那烏溜溜的大眼睛看著他問：「你就是寫那些書的人嗎？那些誰都看不懂的書真的是你寫的嗎？」[15]特別讓他開心的是，一個阿爾薩斯的修道院院長和她的修女們一起讀他的《答約伯》。

當然，就像所有的精神科醫師和心理分析師那樣，榮格會收到大量無需回覆的精神病患者來信。不過有時，其中一些來信是值得特別關注的，例如有一個七十歲的獨身老女人，她擁有蘇黎世古老家族的姓氏。榮格只是在幾年前見過她一次，把她診斷為老年思覺失調症。每隔兩、三天，她都會寫一封信給他，有時每天都寫。她用的是一種廉價的小橫格紙和同樣廉價的灰綠色信封。她娟秀孩子氣的筆跡就像印刷體一樣工整。信的內容千篇一律：她畫下從《易經》中算出的卦象（每天她都用一本中國的占卜書算命），並且簡短地寫幾句對卦象和她自己、榮格以及和世界政治關係的評論。榮格當然沒有足夠的時間讀完她的所有來信，但他堅持保留了她所有的來信。幾年後，這些信幾乎塞滿了一個漂亮的老紅木櫃的一個抽屜。有一天，信突然中斷了，不久以後，我從報紙上讀到這位老婦人去世的消息。後來，正當我要把抽屜推進櫃子時看到她的最後一封信，打開後吃驚地看到：第十一卦：「泰」。評論只有一句話：「多麼不可以思議啊！在我痛苦與困頓的時刻，《易經》卻給出了一個令人安慰的卦象。」我比榮格對這個卦象更感興趣，對他來說，發生的事和卦象之間的關係無疑是神奇的，但並不比大自然更加神奇。於是我明白了，為什麼他要把這些信保留在他的房子，這是一種象徵性動作。我們只是不知道，當一個人的精神被接受之後，即使沒有任何具體回應，僅僅靠移情，究竟會產生多大的效果。給人留下深刻印象的是，這位孤獨的老婦人能夠無疾而終。即使在她去世後，她的信件仍然完好地保留在櫥櫃裡。

1956 年以後，榮格只有很少幾篇科學作品問世：一篇是關於飛碟【16】的，一篇是關於思覺失調症【17】的：〈未被發現的自性〉（The Undiscovered Self）【18】，還有一篇是關於意識方面的文章【19】，最後是一篇綜合闡述他作品主要思想的文章，這是他專為在英國發表而寫的。【20】這篇文章榮格是用英文寫的，他說，這可以迫使他用最簡潔的語言來表達。寫好這篇文章幾星期後他就去世了。我們是從 1957 年開始合作寫回憶錄的。在那本書的導論中，我介紹了它的緣起。他是出於自己責任感，毫無保留地將自己呈現給世界，為此，他付出了巨大的努力。當他把這些回憶片段稱為「煉獄」時，他的聲音裡飽含著痛苦的熱忱。看著他明顯痛苦的表情，我建議就此結束我們的談話，滿足於已經完成的東西——已經有好多卷了。但榮格不同意終止或放棄。他回答說，人們會不可避免地寫他，因而他想自己寫，那樣可以儘量接近真相。他渴望被理解，同時也清楚地知道，把他和他自己的生活用一種被人理解的方式呈現給世界是不容易的。一反常態，對以後幾個月寫的章節，他沒有再發表過任何意見，不管是正面的還是負面的。

榮格寫作的時候，他會把自己關進一個看不見的殼裡。任何東西都干擾不了他或打破他的沉思；這是一條鐵律：寫作時，任何人都不許跟他說話。當他在樓下的書桌上趴著寫作時，我常常在書房忙活兒。至少當我在書櫥梯子上爬上爬下，完成我的日常任務時，絲毫不會打擾他。我自然是看得到他的，看見他是那麼安靜地用他那漂亮工整的字體一頁接一頁寫下去，中途幾乎不休息。少數時候，當他思路受阻時，他會抬起他的頭，眼神迷茫，他的眼睛從不看窗外，或盯著某個東西，他顯然是向內凝視的，不時喃喃自語。

當他自來水筆裡的墨水用完時，我就會被叫過去，每次聽到的總是千篇一律的抱怨：為什麼不能像以前那樣，用一根戴有小橡皮帽的玻璃吸管將墨水裝進去呢？這樣就不會弄髒鋼筆了。而現在這些鋼筆你非得把它們浸入墨水中弄髒才能吸進墨水。這支該死的鋼筆現在卻成了我最寶貴的財產。

早些時候，榮格會在列印稿付梓之前把它們拿給他的學生們看。他們提出的所有的批評、所有修改建議，刪節或增補都會得到榮格的認真考慮，大部分都會採納。這時候，榮格對誤解或「愚蠢」表現得格外寬容。他的自信令人嘆服。

我們有好幾個工作地點。如果他想去書房，就會用兩聲鈴響召喚我。當我到那裡時，他已坐在躺椅上抽起他早上第一袋菸了，躺椅在朝南的正對小陽台的法式窗戶旁。我只好坐在他對面的客座上。榮格抽一種水冷式菸斗。菸斗桿很短，把帶金屬頭的菸桿浸到盛著水的碗裡，把菸草按進去、用一個平頂的小塊銀夯平，用打火機或火柴再次點燃，這樣就不會一直燃著了，這是伴隨榮格工作或交流的招牌動作。他最終選擇抽格蘭傑（Granger）菸草。一個朋友會定期把有著漂亮的黑藍色罐子的菸草從紐約送過來。榮格偶爾也準備一點他自己的混合型菸草——一個我必須協助他才能完成的隆重表演。混合型菸草放在一個黑色的錫盒裡，他給它取了個莫名其妙的名字，「哈巴庫克」（Habbakuk）。

榮格沒有菸癮，但午飯後，他會抽一支巴西雪茄，給朋友抽的也是這種菸。我負責照看這些被稱為「Gurner Heinrich」的小雪茄供應情況。他偶爾也抽一支 Brissago 牌雪茄，[21]或一支奇怪的蛇形黑色外國香菸，不幸的是，我從來不知道它的名字。吸菸是一天中一個愉快的時刻。「少量抽菸有助於集中精力，令人思想平靜，」他對他的醫生辯解道。

當氣候轉暖風和日麗的時候，我們就會移到花園去工作。穆勒會在花園幫我們準備好一張桌子和兩把籐椅。夏天的時候，榮格戴著一頂寬邊巴拿馬草帽用來遮擋強烈的陽光。只有一件事會干擾我們：從杜本道夫（Dubendorf）起飛的軍用飛機，震耳欲聾的巨響轟隆隆地劃過湖面，隨後又消失在山背後。但這一切很快就會過去，接下來顯得更為寂靜。大多數時候，我們坐在房子旁花園的高處。攀爬在東牆上的大朵藍花在陽光下怒放，它有一個美麗的名字：「牽牛花」。灑滿陽光的草坪，棲息在草坪的黑鳥伸展它的翅膀，或者用石甕底的雨水沐浴，石甕放在一個高台上。細細的水滴從石甕的可愛小噴泉裡噴出來，沐浴的小鳥躲在看不見的地方，這時，榮格離開花園盡頭有著原始風貌的湖：湖上的蘆葦長成的厚牆已經成了天鵝、野鴨和水鳥們築巢和哺育的場所，他常常充滿愛意地觀察它們。

在榮格身體不太好，不想去下面的花園時，我們就在二樓的大露台上工作。因為他對風極為敏感，所以在開始工作之前首先要做好防風的準備。用衣服夾子或大別針把寬幅帆布固定在晾衣服的電線上，我很難勝任這種繁瑣的事，即使榮格高聲喝斥，我還是做不好。不過最終，所有的準備工作還是要完成，並令他滿意，於是我們就可以開始工作了。

我們在陽台上工作沒多久，他就去世了。中風後，說話對他來說成了一件極為困難的事。儘管他還想讓人告訴他外界發生的事：有關來信、人、電話問候等，他還是想做簡短回覆與大致想法。

除非信封上註明「私人」的字樣，他都希望我把信看完後，再講給他聽。一般來說，榮格口授完之後，我會就信的內容以及他的回覆簡單地聊幾句，有時還會引發出討論。有一次，發生了一件奇怪的事。在口授一封相當難以說清楚的回信時，榮格突然停了下來，開始和我說話。談話剛開了個頭，就好像擋在世界面前的窗簾被拉開了一樣，一切都變得透明了；所有發生的事情都變得絕對可以理解，就連根本不相關的領域也建立起了聯繫。如果不是我分享了榮格那一刻的頓悟，用我自己的語言是表達不了的。聽著聽著，我忘記像平常那樣做筆記了。坐在從庫斯納赫特去蘇黎世的火車上，我努力回憶剛才發生的事，但我吃驚地發現，我什麼都記不起來。儘管感到難為情，我還是決定請榮格把他的思想再對我講述一遍。沒想到，第二天早晨，榮格是這樣回答我的：「我昨天說了什麼？」他也記不起來了，我的希望落空了。我感到非常難過，榮格卻保持一貫的冷靜，說，時機還不成熟。

做完我們上午的工作後，只要天氣許可，榮格就會在花園裡散一會兒步，或自己埋頭讀《新蘇黎世報》。傍晚時分，在討論完我們的「回憶錄」後（早幾年，是在做完心理分析後），我會在他放鬆的這段時間裡為他做些小事：比如說，把一張凳子推到他腳下，把放著紙牌的小桌子放到他的膝蓋旁。榮格喜歡玩單人紙牌遊戲。有時在情急之下，他會透過換牌轉敗為勝，對此，他一點都不感到羞愧。真是的！玩遊戲就應該輸得起嘛。假如有人正好撞見他「厚顏無恥」地公然作弊，他也絲毫不在意他們的一臉驚愕，說不定還平添了他遊戲的快樂呢。

另一個放鬆的方式是閱讀隨手可及的偵探小說，他房子的頂樓上堆放著大量的這種書。他喜歡英國的驚悚小說，而最喜歡的還是西姆農（Simenon）。如果某本書的封面圖片太恐怖的話，我就不得不用包裝紙做個書皮，這樣它就可以無傷大雅地出現在書房的條桌上了。對榮格來說，偵探這種形象就是現代版的煉金術墨丘利——解決所有難題的高手，他從他們的英雄事蹟中獲得了樂趣。他也愛看科幻小說。

冬天的時候，榮格不喜歡把房子弄得太熱，所以必須穿暖和點兒。在極其嚴寒的日子裡，他會穿一件毛皮內裡的棕色長袍，這使他的身材顯得格外偉岸。白髮上戴著一頂黑色便帽，活像一個不合時宜的童話人物：一個和藹、沉著、智慧、有力量的老人活靈活現地站在你面前。

榮格上午工作。一般會在下午將近五點時接待訪客，客人們大多會待一、兩個小時。只在極為例外的情況下才會給人看病。事實證明，有規律地分配時間是對時間最好的利用。在最後的幾年裡，他每個月裡有三個星期住在庫斯納赫特，一個星期住波林根。這種節奏給人的壓力不大，也適合他。一年裡也有些日子不遵循這種節奏，這種時候大部分都是在波林根度過的，去那裡通常是為了寫作。

在波林根的那段日子，我只有星期三去那裡工作，這一天對我來說始終是個大日子。從波林根車站到塔樓步行正好需要半個小時。在多雨的日子裡，我的胳膊上挎著一籃子信件、檔案和書籍，有時道路非常泥濘難走。這似乎是一種慣例，司機會讓上年紀的人搭順風車。我懷著特別的感激之情常常想起，有一個啤酒廠的貨車司機總是恰好碰到我，稍我一程。榮格對此感到好奇，尤其是當我告訴他我們用瑞士德語交談的時候。

沒有與榮格在波林根待過的人，是不可能真正瞭解他的。在這裡，他對大自然本身流露的感情，是在庫斯納赫特不可能展現出來的，沒有絲毫浪漫或矯揉造作，這是對大自然真正的熱愛，是與田園生活全身心的交流。所有的農活都出於對鄉村生活的感情，與自由自在的飛禽走獸的友誼也都是。一年夏天，一條環頸蛇在湖邊安了家，它的洞口定時總有一小碗牛奶。然而波林根最大的特點就是安靜，榮格是個偉大的沉默者，正如有時他也會成為一個滔滔不絕的演說家一樣，這兩者彼此互補。這對他進行深刻內省是絕對必要的，這是有益的、生機勃勃的力量本源。創造性思想就在內心和外在寧靜中形成。簡樸的田園生活使他重新煥發生命，也把他從日常事務和繁文縟節中解脫出來。

我常常聽到從遠處傳來的陣陣鑿擊聲，這時候，我便知道，榮格正戴著一副防飛屑的大玻璃防護眼罩在鑿石頭了。所有的主題都來自令他驚訝的石頭本身，然後按照他的構思對它們進行加工。塔樓圍牆是用笨重的石塊壘起來的。就像人們按照他們看到的雲或墨漬形狀將它們畫下來那樣，榮格也根據在毛石粗糙表面看到的圖案鑿出石頭的輪廓，其中一些成為了他石雕作品的藍本。有個笑著的搗蛋鬼頭像，榮格說，它看上去像巴爾紮克（Balzac）；有個雙臂伸向母馬的裸體女人形象，他把這個作品稱為珀加索斯（Pegasus）。還有一副浮雕，上面是一頭拿著球的熊，和一條蛇。這些雕刻賦予了石頭以生命。其他的雕塑在回憶錄中提到過，它們都是在塔樓旁的一間工棚裡完成的。

在寧靜祥和的波林根，那些需要費神回答科學問題的信或陌生人的來信，並不總是受歡迎的，榮格對此直言不諱。有一天，他明確地說，他不喜歡！於是，這一天就成了黑色的一天，因為他必須得處理這些信件。就像人們常常把氣發到帶信人身上那樣，他把壞脾氣全都發洩在我身上，令我無比懊惱。見我生氣了，榮格給我做了一個好玩的動作，我們之間有很多只有我倆懂得的「sub rosa」（祕密的）動作，這讓他在我的眼裡看起來就像一個禪宗大師。有一次他說，他是不可能跟沒有悟性的人說話的，煉金術士們也懂得這個道理。因此，在那個黑色的一天（那天，我們在屋外的湖邊工作），當我正準備收拾好七零八碎的東西然後長途跋涉回家時，我吃驚地看到，榮格正彎下腰從他的兩腿間看著湖面，就像一個想看看顛倒世界的孩子會做的那樣。榮格讓我照著做。儘管我不明白，也沒心情開玩笑，但我還是俯下身照做了。然後，榮格對我講述起眼睛的結構來。他好幾次講到，為什麼要用相反的角度看待這個世界和事情：它們會變得更加美好，更為清楚。說完，他向我道別，隨後消失在他的工棚裡。我花了很長時間，才破解了我們倒看世界的「sub rosa」之謎，也因此，黑色的一天變成了晴朗的一天！

榮格波林根塔樓圍牆外的空地上有一口泉水，泉水通過幾條小渠流進湖裡。這些溝渠漸漸被淤塞住，幾乎看不見了。榮格於 1922 年買下這塊地，挖水渠逐漸成了一個讓他上癮的有趣遊戲：除了疏通舊渠，他還挖出幾條新渠，這樣清澈的泉水就可以潺潺流進湖裡了。他用的是一把窄小的長柄鏟：早年牧羊人為了防止羊群走失，用來投擲石頭的那種工具。凜冽的寒風中，一個老人將自己裹得嚴嚴實實，頭上戴著一頂農夫帽，叉開雙腿彎腰站在宛如小島似的零星土塊上，小心翼翼一鏟一鏟地鏟沙子。他小心遵循著自然形成的坡度挖出新渠，以便挖出的新渠與老渠相通，這樣，水就重新流動起來了。

在波林根，我們一般也是上午工作。只要有可能，我們就去戶外，但有時也在半開放涼亭裡的壁爐旁工作，只有天冷時才會去樓上的書房。書房是一個非常樸素的木板房，裡面有一個棕色的取暖爐，窗戶前面有一張放著煤油燈的小書桌、一張長沙發、靠牆的書櫃和兩個舒服的躺椅，這就是這裡全部的家具了。榮格就是在這裡寫作的。觸目難忘的是窗戶，它的下半部分是槽紋玻璃的，把他深愛的窗外風景遮擋在外。不允許有絲毫外在的干擾妨礙他內心的沉思和冥想。

我們的工作通常以給水鳥群餵麵包屑告終。榮格興致勃勃地看著，當他認為我分配「不公」，比如說，給一隻鳥的麵包屑多，給其他鳥的麵包屑少的時候，就會大聲指責我，自己參與進來。接下去是一頓簡單可口的飯：通常，湯是營養豐富的康寶（Knorr）或美極（Maggi）湯，盤子裡盛著足量的乳酪、黃油、麵包和水果。餐後是一杯咖啡，有時是餐後酒（liqueru）。大家都知道榮格是葡萄酒行家。今年夏天，我和朋友們住在波林根鄰村的施梅里孔（Schmerikon）酒店。吃飯時，老闆坐在我們的桌旁，講起他記憶中的榮格老教授：每次他都會跟著他下到酒窖，親自挑選葡萄酒。講起他們聊的話題是如何冒出來：他們會因為互相講故事太興奮了，最後就索性坐在酒窖的台階上聊。不幸的是，我不記得榮格喜歡哪些葡萄酒了。但我清楚地記得，有一段時期他非常喜歡樸素的鄉村葡萄酒，而其他時候，他喝的是勃根地紅葡萄酒。他討厭雞尾酒。

我難得，或只有在一些特別的時候會在塔樓一直待到晚上。當五點這個重大時刻到來時，就該開始準備盛大的晚餐了。在他晚年的時候，因怕太累，他不再擔任主角，而早些年，在涼亭壁爐的烤架上或廚房爐子上準備燒烤，對榮格來說是頭等大事，這時候，所有願意參與進來的人都會被分配到一個幫廚或助手的角色。每次吃完，都要讓每個人為這頓飯評分：刷滿各種佐料的燒烤變成了一件烹飪藝術品！

通常，榮格午睡起來後，下午兩、三點，我就準備回家了。他要嘛劈柴，要嘛認真嫻熟地把柴火堆放好。早幾年時，還有一小塊馬鈴薯或玉米地的農活要幹。多年來，划船一直是帶給他最多樂趣的活動之一，但後來，他不得不放棄了。

榮格在他庫斯納赫特的家裡過世，周圍到處都是充滿他靈魂的偉大意象。幾十年來，他一直都在思考死亡，因此他熟悉死亡，並不把死亡當作敵人，儘管他也深知由於人生有限所帶來的痛苦。在一封信裡他表達了這種思想：

> 面對壯麗永恆的自然，令我痛苦地意識到自己的脆弱與有限，面對死亡（in conspectus mortis），我是不可能想像自己還能淡定自如的。正如我曾經夢到過的那樣，我的求生意志是個熱情似火的代蒙（daimon，編按：創作守護神）【22】，它有時會讓我難以接受自己終有一死的想法。人最多只能像不公正管家那樣保住面子，但也不能總是如願以償，因而，甚至就連我的主都不想多加讚美。說到底，這與代蒙沒有任何關係，因為生命必死是鐵板釘釘的事。

榮格這封信寫於 1953 年 5 月，這時距離他死亡還有八年。這封信雖然不能表達他對死亡的基本態度，但確實反映出一個人接近生命終點時的心情。

後來才知道，他的一些遠遠近近的親朋好友都「知道」了榮格處於彌留之際以及他死亡的資訊。甚至早在他的死訊傳遍世界之前，無意識在夢裡就已經宣佈了。這些夢被收集了起來。他去世幾小時後，下了一場疾風驟雨，閃電劈開了湖邊花園一棵高大的白楊樹，他生前常常在那棵樹下坐。閃電嘶嘶叫著，沿著樹幹一直劈到地上，移開了矮牆沉重的石頭。從被閃電擊中的地方一直燒到樹皮，我從傷口處割了一塊內皮，後來園丁用瀝青封住了傷口。這棵樹今天仍然活著。

波林根一個秋天的早晨，榮格要我答應他：在他離世後，要我對他的一生、他的個性以及他的思想做出明確坦率的評價。這次簡短的談話儘管像是隨便說說，卻是莊嚴的。榮格不喜歡說大話。有很長一段時間，我寫不出榮格這個人，因為，這比寫他的作品，讓隱藏在他思想背後的人格放射出光芒來，要困難得多。

他的精神大樹已深深扎根於大地。他留給後代的作品像樹冠一樣枝繁葉茂，卻很少有人瞭解沉睡在大自然中的樹根。他的個性豐富多彩，每個人都只瞭解面向自己的那一面。因而在我這篇短文中，我能勾勒出的也只是我看到的榮格生活的幾個側面。同樣，我能描繪出的，也僅僅是我所看到的榮格最後歲月的日常工作的一個側寫。

備註

【1】 見《榮格全集》第八卷，以後簡稱「CW 8」。

【2】 CW 9, Part II。

【3】 見 CW 11。

【4】 見 CW 8。

【5】 CW 14。

【6】 《兒童夢的心理解讀》（*Psychologische Interpretation von Kinderträumen*），1938/1939

年冬。非正式出版印刷品。

【7】 參見《記憶、夢和反思》（*Memories, Dreams, Reflections*），由亞菲記錄整理，理查、克拉拉・溫斯頓（Richard and Clara Winston）譯（New York and London, 1963）。Ch. VIII.。

【8】 〈知識前沿〉（Aux Frontières de la connaissance），《洛桑公報》（*Gazette de Lausanne*, Nos. 20811, 8 September 1959.）本故事現於 No. 210, Sept. 7。

【9】 〔編註〕皮埃爾・賈內（Pierre MarieFelixJanet，1859-1947）法國心理學家、醫師、哲學家，是關於解離和創傷記憶領域之心理治療的先驅人物，與威廉・詹姆斯（William James）和威廉・馮德（Wilhelm Wundt）並列為心理學的奠基人之一。

【10】 見阿伯特・奧瑞（Albert Oeri），〈青春的回憶〉（Ein paar Jugenderinerungen），出自《情結心理學的文化意義》（*Die Kulturelle Bedeutung der Komplexen Psychologie*, Festschrift zum 60。Geburtstag von C. G. Jung. (Berlin, 1935), p. 524-528。

〔編按〕阿伯特，奧瑞（Jakob Albert Oeri，1875-1950），瑞士新聞工作者，政治家和政治家。

【11】 例如榮格在他關於曼陀羅的研究中寫道：「根據我自己在經驗中獲得的大量材料，我對曼陀羅的形成過程和最終結果觀察了近三十年。但是，為了讓我的觀察有失偏頗，有十四年的時間，我沒有對此寫過任何東西或發表過任何演講。」選自《心理學與煉金術》（CW 12, pars. 126），。也參見〈共時性原理〉（CW 8, pars. 816）。

【12】 〔編註〕Nekyia，希臘神話裡的巫術。

【13】 《記憶、夢和反思》，p. 222。

【14】 這些以及其他的訪談錄將由普林斯頓大學出版社出版。

〔編按〕

伊利亞德（Mircea Eliade，1907-1986），羅馬尼亞裔美國宗教史學家、科幻小說作家、哲學家，在宗教學研究上有崇高地位，著作繁多，已中譯的包括《聖與俗：宗教的本質》、《神聖的存在：比教宗教的範型》、《世界宗教理念史》（全三卷）等。1952 年採訪榮格，發表為〈會見榮格〉（Rencontre avec Jung）一文。

杜普蘭（Georges Duplain，1914-1993），瑞士新聞工作者、譯者與作家，1959 年採防榮格關於飛碟的問題，發表於《洛桑公報》。

格斯特（Georg Gerster，1928-2019），瑞士新聞工作者，寫過數篇關於榮的文章。

揚（Gordon Young），新聞記者，曾是路透社在柏林的首席記者，晚年為蘇黎世國際新聞學院的助理主任。1960 年採訪榮格。

埃文斯（Richard Evans，1922-2015），美國著名的社會和健康心理學家，APA 健康心理學部門的創始成員之一，1957 年對榮格進行了罕見的錄影採訪，隨後獲得資助，採訪許多知名心理學家，包括史金納（B.F. Skinner）、皮亞傑（Jean Piaget）、艾瑞克森（Erik Erikson）、班度拉（Albert Bandura）等。

費德曼（John Freeman，1915-2014），英國知名政治人物、媒體人，1959 年透過 BBC 節目「面對面」（Face to Face）採訪榮格。

【15】 這兩個故事見杜普蘭（Duplain）的《知識前沿》（No. 209, 5/6 September 1959）。

【16】 〈飛碟：天空中的現代神話〉（CW 10）。

【17】 〈精神分裂症〉（CW 3）。

【18】 見 CW 10。

【19】 〈從心理角度看良心〉（A Psychological View of Conscience），出處同上。

【20】 〈接近無意識〉（Approaching the Unconscious），見榮格編寫的《人及其象徵》（London and New York: Aldus Books, 1964）。

【21】 Brissago 是產於瑞士提契諾（Tessin）的一種雪茄的牌子，外形與後面描述的外國雪茄類似。

【22】 〔編註〕Daimon 為希臘文，有守護神之基本含義，也有原始生命力、邪靈、惡魔等意涵。原型心理學家詹姆斯．希爾曼（James Hillman）在以「代蒙」為主題寫出的暢銷之作《靈魂密碼》（*The Soul's Code*）中，指出每個人在降生前，靈魂就已選定獨特的生命藍圖與使命，儘管出生後沒意識到它，但守護神「代蒙」將會終生保護指引，協助發揮天賦，展開人生旅程。

榮格一生的
各個創作階段

榮格七十歲時，在回答人生各創作階段問題的一封信裡寫道：「要明確地描繪出各階段心理狀態的進程是極為困難的。在我看來，真正的里程碑事件似乎總是由那些帶有強烈感情色彩的象徵性事件為特徵。」[1]因此，要介紹榮格一生的各個創作階段，就得找出那些帶有強烈感情色彩的里程碑事件，從而簡要地表明他在智識觀和生活態度上的變化。

富於創造性的人，其作品的形成都有一個漫長的歷史，不會無緣無故地出現；在創造到來之前，內在的、有時也是外在事件，已經為這一時刻醞釀很久了。創造力的溪流只有不斷地衝擊下河床，才會突如其來地爆發出來。一般說來，由於缺乏必要的資訊，對地下河床的衝擊是無跡可尋的，或者只能憑直覺去猜測，而榮格卻是個例外。

在他的回憶錄中，他描述了他幼童時期的經歷：夢、異乎尋常的遊戲、令人毛骨悚然的遭遇。我們可以把這些經歷理解為，這是為他後來的創造階段所做的準備，是一個天才最早的流露，從中我們看到，榮格內心的東西是如何掙扎著想要成型，並且內在規律是如何塑造榮格命運的。然而，在決定性的時刻到來之前，是否能夠成功爆發，或是否能夠承受得住創作天賦的突然爆發，都是未知數。

我想引用榮格童年時期做的夢作為說明，因為從中可以瞥見隱藏著的代蒙[2]以及命運的先兆。這個夢是他四、五歲時做的。這個時期，就像青春期、中年危機期，和死亡之前那樣，都是無意識的活躍並不斷出現「大夢」的階段。

小男孩看到地上有個洞，洞裡有通向深處的台階。他戰戰兢兢地走了下去，來到一個擋住他視線的綠簾子前。他好奇地掀開簾子，看到在狹長房間的盡頭，有一個神奇的黃金寶座。寶座上坐著一個看起來像一根樹幹的巨大東西，幾乎抵到天花板。它由皮膚和鮮肉組成，只有一個圓柱形的頭，沒有臉和頭髮。頭頂上的獨眼直勾勾地向上凝望。圍繞著頭發出的光照亮了整個房間。這個小男孩覺得「這個東西」就要從寶座上下來，爬向他了。他嚇呆了。「就在這個時候，我聽到從外面傳來聲音，我母親在上面大喊道：『看呀！那就是食人者！』這喊聲加劇了我的恐懼，我渾身冒汗醒了過來，嚇得要死。」【3】

與暗黑之神爭戰

這個夢裡的地下場景表明，這完全是處於無意識中的事件。在這根陽具代蒙（hallic daimon）身上，集中了力量（Power）、至尊（majesty）與神性的光芒（numinosity），由此產生的敬畏（tremendum）把男孩嚇呆了。不過，這個夢中的意象也有完全不同的、非常積極的面向：地下神的形狀、它身上散發出的光芒，以及向上凝視的眼睛，【4】都代表著潛伏在心靈黑暗深處具有生命力、創造力和感知力的精神。

出現在夢中的母親形象代表著矛盾。看不見她本人，只能聽見她請男孩仔細觀察怪物的聲音。好像在愚弄小孩一樣，她又透過指出怪物會吃人而撤回請求，實際上是誘使他逃跑。她的喊叫聲似乎隱藏著一種隱密的意圖：阻止她的兒子與命定的代蒙相遇。假如男孩接受了母親的誘惑，那麼就不必冒險踏上自己命中註定的道路了。因而，這個善良的、善解人意的、受到崇拜的母親的出現，與她不喜歡的對手一樣，對小男孩來說都是致命的危險。此外，我們從夢的法則（the law of dream events）知道，陽具代蒙之所以以如此恐懼的面目出現，原因僅僅在於，它是被我們白天的意識排斥的。從深度心理學角度來看，人的命運始終都是在令他感到恐懼的地方被塑造的。

榮格在他的回憶錄中回憶道，他遇到的陽具是個「『無名』的地下之神」，作為可信任的、光明的主耶穌的對手，這個形象貫穿於他整個年輕時代。它是「無法追尋的、令人顫慄的啟示」，是「進入黑暗領域的起點」。榮格認為這個夢表明：「從那時起，我的智性生活中已經摻進了無意識。」事實上，夢中形象是模稜兩可的，包含了對立面之間的緊張關係，其中表達了榮格一生作品的基本主題。男孩體驗到由耶穌／路西法所代表的光明／黑暗，也就是說善良／邪惡、有意識／無意識之間的對立。

幾年後，這個夢成為了現實：榮格陷入了創作與惰性之間的精神官能症衝突。這個話題我們以後再談。綜覽他一生的發展，我們可以說：在他戰勝了精神官能症之後，散發著猥褻意味、光芒閃閃的代蒙（象徵著沉睡在男孩無意識中的精神衝動）完全控制了他。在榮格的一生中，他總是欲進先退，最終他之所以倖免於難，是因為他服從了命運。八十二歲的時候，他寫道：

我和我的思想難以相處。我身上有一個代蒙，祂的存在最終被證明是決定性的。祂控制了我……我不得不服從強加在我身上的內在規律，我別無選擇……創造性的人幾乎都主宰不了自己的人生。這種人是不自由的，被代蒙所俘獲，受祂驅使……缺乏自由一直是我巨大的悲哀。【5】

從「進入黑暗領域開始」，似乎就註定了，榮格的創造衝動來自於心靈對立面中消極的一面。從一開始，他的研究領域和寫作內容，就是在心靈中佔據優勢的黑暗面，然而這並不意味否定世界和虛無主義，畢竟他始終記得，他童年的這個夢裡，他最先看到的就是黑暗中的光明。他想照亮黑暗、未知，以及被排斥的心靈一面。在不同文化中（編按：東方的陰陽太極思想），人們可以說，這個意象說明他被處於「陰」中心的光明和「陽」中心的黑暗吸引住了。

對一個在嚴苛的基督教牧師家庭裡長大的孩子，毫不誇張地說，夢到這種可怕形象簡直就是個奇蹟，是獨一無二的。這個形象沒有外在的對應物。這個敏感的孩子認為，它就是從心靈深處長出來的巨人。即使到了榮格的晚年，這個意象仍然縈繞在他心裡，為他發現原型發揮了重要作用。回顧往事，在被榮格描述為原始體驗、被埋在無意識裡的靈性啟示，或是無意識入侵他生命的那些童年經驗裡，其中便包括了這個夢。甚至在他還是個孩子的時候，這些奇特的東西就讓他留下了深刻印象。人們或許可以說，受到它們神性（numinosity）的影響，他的反應是出於自然和宗教的本能。許多年裡，他都將這些東西當作祕密精心守護起來，當作禁忌，守口如瓶。

很容易理解，受這種夢中意象糾纏（或者說，蒙受這種內在幻象恩典眷顧）的男孩，要進入眼前這個現實世界是極為費力的。差不多就在做這個夢的同一個時期，他無意識地產生了自殺的衝動：這個小男孩突然在橋上跌倒（在勞芬〔Laufen〕他父母親家附近的萊茵河上），滑出欄杆，幸虧被保姆一把抓住。榮格說他「拼命抗拒活在這個世界上」，而實際上，他是在拼命抗拒黑暗代蒙：帶著祂的標記生活在世上，意味著他只能聽天由命，在他自己的創造需求還沒有到來之前，這是一種無意識的退縮。這種倒退，同時伴隨著無意識中渴望在母親那裡獲得安全，夢裡母親模棱兩可的話賦予了這種倒退謎一般的性質。

榮格十二歲時，他又被「拼命抗拒活在這個世上」的念頭纏住了，並導致他患上精神官能症，幾乎真的暈倒了幾次，於是他休學了半年，甚至更久。「我靠偷懶、收藏、閱讀和玩遊戲來打發時間。但它們並沒有給我帶來更多的快樂，我有種朦朦朧朧的感覺，我在逃避我自己。」【6】

特別耐人尋味的是，最終把榮格喚回現實的，恰恰是父親的聲音：他偷聽到父親憂心忡忡地對朋友說起自己兒子的健康狀況。剎那間，這個男孩突然意識到自己耽於幻想和遊手好閒的危險。從那時起，他決心與他的懶惰和昏厥做鬥爭。沒過多久，他就克服了這兩個毛病。人們或許會說，這是他第一次戰勝母親，儘管他自己稱之為「挫敗」。「幾星期後，我回到了學校，老毛病再也沒犯過，所有的把戲都玩完了！我就是在那個時候懂得了什麼叫精神官能症。」【7】經歷了這次磨難之後，他成為了「一個勤奮刻苦的人」。「從那時起，我開始有了責任心，做事不再為了有所成就，而是為我自己。」【8】這一切都得歸功於榮格身上的「父親面向」，即使到了晚年，那仍然還是他研究生活與看待生活態度的必要條件（sine qua non）。在他七十六歲時的一封英文信裡寫道：「眼下，我不得不寫這些該死的信。人，只有盡到討厭的義務後，才能獲得自由自在的創作心情。從長遠看，創造力是偷不來的。」

第一個創作期

在「打敗」精神官能症之後，有相當一段時期，榮格的生活沒有任何特別的困難。然而，隨著他戰勝了對安全的渴望和危險的惰性之後，通往地下世界（underworld）的大門也關上了，於是，他的（第一個）創作準備期無疾而終。接下來的日子，他忙於工作、交朋友，享受著中學和大學生活，以及成為一名年輕精神病學家的快樂。1903 年，他二十八歲時，娶了艾瑪．勞珍巴克（Emma Tauschenbach）；1906 年，搬進蘇黎世庫斯納赫特自己的家。

他第一個創作期的序曲，是他的博士論文〈論所謂靈異現象的心理學和病理學〉（1902 年），該論文是在他的指導老師尤金．布雷勒（Eugen Bleuler）的建議下完成的，他把它獻給了自己的未婚妻。論文是建立在為實驗而進行的降神會上，對有靈媒天賦的表妹仔細觀察的基礎上的，他透過展示她出神狀態中所說的話，對這種現象作出心理學上的解釋。在這些早期歲月裡，榮格的興趣和科學好奇心主要放在可觀察到的事實上，並且，一直到他去世，他的研究都是建立在事實基礎上的。他特別強調，要把他視為一個經驗主義者。然而，在後來的各個創作時期，他放棄了實驗，並把對案例材料的描述性研究視為次要，最終全部捨棄。我們不再察看個人病歷和個人遭遇，而是去尋找那些記載著人類大腦史的神話、童話、詩歌、宗教、神祕主義和異端邪說，以及大量的煉金術材料。非個人的東西取代了個人的，並且，對於夢，更加考慮其中的原型內容，而不是它的個人意義。（當然，在他做心理治療與分析實踐時，強調的重點有所不同，會根據需要來看待個人因素。）

在第一個創作期，榮格的興趣更傾向於關注心靈的黑暗面：神祕領域，無意識背景，以及無意識背景中具有感情色彩的情結——這些都是他透過聯想實驗發現的，尤其是從精神病患者的無秩序世界中發現的。在〈早發性失智症心理學〉（The Psychology of Dementia Praecox, 1907）和〈精神病內容〉（The Content of the Psychoses, 1908）中，他努力去理解當時還被認為毫無意義而被忽視的精神病人之言行與症狀，並努力從心靈混亂中找到有序的結構。與當時的精神病理學觀點背道而馳，他憑著堅忍不拔的意志成功地達到了目標。他甚至借助於心理治療成功地治癒了一些精神病患者，讓他們重新回到社會、恢復了人際關係。當時，這種方法還被認為是匪夷所思的。發現存在於無意識中的古老內容——正是它入侵了過於脆弱或過於狹窄的意識，從而摧毀了意識，導致精神錯亂，同時也雄辯地證明了感情色彩情節的存在——而它正是榮格後來原型理論的雛形。我們可以從他研究神祕現象的博士論文開始，畫一根直線——經過各個階段的工作——最後一直畫到半個世紀後他所闡述的共時性原理。第一個創作期為他今後的發展奠定了各方面的基礎，並為他後來的累累碩果埋下了最初的種子。

與佛洛伊德的相遇標誌著他第一個創作期的高潮與終結。[9] 他們的來往是從 1906 年的通信開始的。榮格寄給佛洛伊德一本他自己寫的《詞語聯想研究》（*Studies in Word Association*）作為禮物，在此之前，佛洛伊德已經購買並閱讀過這本書了。佛洛伊德則寄給榮格他的著作《歇斯底里研究》（*Sammlung kleiner Schriften zur Neurosenlehre*）作為回報。一年後，1907 年，兩人第一次見面。榮格見到的佛洛伊德是一個比自己年長、更老練的同道中人，因為像他一樣，佛洛伊德也正試圖打開隱藏在心靈深處的祕密。這是榮格第一次遇到的志趣相投的人，他欣喜地感到自己理解並支持佛洛伊德的科學探索。不用說，話題很快就轉到精神分析上。佛洛伊德比他大十九歲，不可避免地成為了榮格心中的父親形象，其科學權威正是他長久以來一直追求的，他把自己當作學生和徒弟。早在 1909 年，在給佛洛伊德的信中，榮格寫道：「一般而言，我還不具備你身上那種高度的自信與沉著冷靜……無數對你來說是司空見慣的東西，對我來說卻是嶄新的體驗，只有等到它們將我撕成碎片之後，我才能獲得重生。」至於佛洛伊德，則承認榮格天分極高，他被榮格人格中人性溫暖的一面所打動。佛洛伊德信賴榮格，認為自己找到了尋找多時的精神之子和繼承人。在他們深厚的關係中隱藏著父與子的原型情景，就像後面看到的那樣，這也為他們的關係埋下了毀滅的種子。

在與佛洛伊德合作期間，榮格的創造性活動不是特別豐富。【10】日常工作耗費了他大量精力，例如舉辦代表大會、創辦和編輯《精神分析與精神病理研究年鑒》（*Jahrbuch für psychoanalytische und psychotherapeutische Forschungen*），此外，當時他把主要精力投入在反駁來自四面八方對佛洛伊德精神分析的猛烈攻擊上，透過演講和寫作為佛洛伊德理論做防禦性反擊。一方面，這是榮格的學習和吸收時期，另一方面，也是他的人格朝著外向型發展的時期。作為一個真正的內向型人，榮格此時正盡情享受著外向型人格的積極面：旅遊與成功。1909 年 9 月，他從克拉克大學寫信給他的妻子（那時，他和佛洛伊德同時受到邀請，他在那裡發表了關於聯想實驗的演講）：「我們是這裡的風雲人物。能享受到這一點，實在太美妙了。我感覺我的力比多正在盡情享受著這一切。」【11】

人們已經提出了無數的理由來解釋榮格與佛洛伊德的決裂。從分析心理學的角度來看，主要原因如下：佛洛伊德一味地強調性的因素，他拒絕宗教，他還原式的因果思維方式，不能接受榮格的新想法，以及與他有分歧的思想等。人性的弱點和個性的缺陷也是導致他們決裂的原因。所有這些理由都是說得過去的。然而，在我看來，這些理由在一個最主要的事實面前就都顯得蒼白無力了。像榮格一樣，佛洛伊德也是一個被創作代蒙俘獲的人，他們都不得不遵循各自的規律。儘管倆人都想照亮心靈的黑暗，但他們的視野如此不同，從長遠來看，想要達成一致是不可能的，他們的分手是不可避免的。此外，佛洛伊德已經找到了自己的道路，而他們第一次見面時，榮格只有三十二歲，還處於創作發軔階段。可以肯定的是，為了從一個比他更年長、更富經驗的人那裡學到東西，榮格屈服於佛洛伊德權威的時間超過了他內在的必然需要。事實上，早在與佛洛伊德合作之前，榮格憑藉在早發性失智症和聯想實驗方面的工作，已經贏得了作為一個醫學領域先驅的國際聲譽。佛洛伊德的錯誤在於，他利用自己父親般的權威讓榮格屈服，他還稱他為繼承人，或者用他自己的話來說，把榮格稱為「桂冠王子」（crown prince）。對這種稱呼，榮格從一開始就是反感的。歸根結底，這兩個人都忘記了，創造性的人必須服從自己的代蒙，不會受到不屬於自己人生使命的任何人或任何事的束縛。他們到死也沒有彼此原諒，根源或許就在於這倆人都沒有遵守這條心理定律。

與佛洛伊德的這次相遇，帶給榮格最重要的作品是《轉化的象徵》（*Symbols of Transformation*）。[12]這本書的思想是從他跟佛洛伊德觀點的分歧中發展起來的，並構成了第一個時期的終結。這本書從 1909 年就開始醞釀了，那時，榮格重新拾起了被他荒廢多年的神話學和宗教史研究。儘管他為之著迷，但要將大量的材料組織起來，他卻感到無能為力，直到他偶然獲得一份系列幻想。這是一個不知名的年輕美國女人寫的，她是個潛伏期的精神病患者，她的這些幻想直接來自於無意識。這一系列幻想的主要內容與英雄有關，與英雄與母親的對峙關係有關。在試圖解釋這些意象時，榮格發現，這些意象與他曾在經典神話中看到的意象有著不可思議的一致性，在主題上也有著驚人的相似。而這一令人震驚的事實無法用佛洛伊德的無意識思想做出解釋，認為無意識是盛放受壓抑內容的容器。此外，它還證實了榮格長期以來小心守護著的猜想：在被壓抑的內容背後還隱藏著更深層面的無意識，其內容包含著超越時空的固有結構形態。後來（1917 年），他把這個層面描述為集體無意識，而把受壓抑的層面以及被忘記的內容稱為個人無意識。

榮格與佛洛伊德立場的真正分歧，最先是在母子亂倫的主題上暴露的。在《轉化的象徵》最後一章的〈犧牲〉中，榮格探討了這個主題。他在他的回憶錄中談到，他擔心佛洛伊德永遠不會接受他對亂倫的這種解釋。他有種直覺，這一章也意味著將斷送掉他與佛洛伊德的友誼。

佛洛伊德把夢中、幻想中、神話中，以及具有戀母情結的精神病患者身上的亂倫，理解為實際上的個人亂倫行為，也就是說，直接代表著性。榮格不排斥這種可能，但對他來說，亂倫所具有的象徵意義更為重要。母親不僅是人類身體的起源，還是人類心靈的起源。只要意識是逐漸從無意識中發展而來的，並一遍又一遍地繼續重複，那麼就可以把無意識形象式地比作心理—精神之母。夢中或神話中與母親的結合或「亂倫」，意味著意識沉入無意識，一種人類的原始危險中。對年輕人來說，心靈亂倫表達的是，延續在母親子宮裡的安全感，以及生命早期的至樂與安逸。在他童年的那個夢裡，已經預示過這種亂倫的危險性，並隨時伺機通過他童年的精神官能症打垮他。

只有透過犧牲才能克服心靈亂倫。也就是，必須捨棄使人退回到母子原型情景中的倒退力比多，必須放棄在母親那裡尋求永久安全感的願望。致命的惰性必須無條件地服從這個世界的要求，面對人世的挑戰和人生的風險，必須徹底克服致命的惰性，因為「只有捨棄掉把人拉回到過去的倒退力比多，世界才有創新。」【13】

人的前半生，力比多是自然湧向外面世界的。如果一個人不順應自然，而是渴望倒退到母親那裡的話，那麼他的生活就會停滯不前，乃至被毀掉。然而，中年以後，心靈亂倫的象徵意義就有所不同了。當衰老與死亡開始投下它們的陰影時，就會聚集起與年輕發展期所不同的其他心理要素。此時的力比多自然會向內擠壓無意識，這時候，追求的不是生活中唾手可得的安全感，而是渴望日常生活背後不受時間束縛的永恆世界，換言之，就是渴望透過精神轉換從而獲得重生。耶穌在回答尼哥底母（Nicodemus）時，談到過亂倫這個問題：「人已經老了，如何能重生呢？豈能再進母腹生出來嗎？」耶穌說：「我實實在在地告訴你，人若不是從水和聖靈生的，就不能進神的國」。（《約翰福音》，3:4-5）

這意味著，即使對成年人來說，墜入自己的深淵（即浮士德式地墜入母親的世界）所遇到的危險和要求犧牲的安全感一點都不亞於在青春期就切斷與母親聯繫提前進入社會的人。一切都取決於，上了年紀的人不允許自己被倒退的欲望戰勝，不讓自己被深淵吞沒，取決於他自己是有意識地、自由地「墜入」的。「就讓那些與夕陽一起下沉的人睜大眼睛這麼做吧，因為這是連眾神們都害怕的犧牲。」【14】

榮格從他自己的童年經歷中知道與母親精神亂倫的危險。然而，直到後來，他仍然自願墜入母親的世界，因為這對他的創造發展是一個意義重大的體驗。關於這個問題，以後我們還會談到。因為，如果現在就講的話，就會牽涉到，以後隨著他自己智性上的發展，對於亂倫問題作的新解釋。眼下，就他本人來說，他後來對亂倫問題的新解釋還需仰賴智性的進一步發展。

榮格從象徵的角度解釋亂倫，而佛洛伊德認為亂倫就是亂倫，兩者是無法調和的。儘管他們的不同來自於智性上的差異，但歸根結底還是在於他們兩人的心理差異。榮格一生都對他的母親保持著熾烈的感情，也就是說，對集體無意識及其非理性的意象和象徵保持著熾烈的感情。他自己談到過，他有看透心靈背景的能力。偶爾，他也會談到他的戀母情結為他帶來的負面影響，稱這種戀母情結是對「永恆女性」的迷戀，但這最終成了他創造性工作的先決條件。佛洛伊德的心理與創造命運和他完全不同。在佛洛伊德的《釋夢》（*Interpretation of Dreams*）一書中，他談到過一個他七、八歲時做的惡夢。在這個夢裡，他看到二、三個長著鳥嘴的人把他深愛著的母親屍體抬進房間。鳥人讓他想起埃及陵墓上的浮雕。這個男孩哭喊著從夢中驚醒了。

與榮格童年時期那個夢裡的意象一樣，這個肅穆的、令人恐懼的意象同樣也是對命運的預示。這幾個抬棺人與長著鳥頭的荷魯斯（Horus）【15】有關，因為荷魯斯神具有太陽的屬性，所以鳥人必須接受白晝、接受邏各斯和理性的統治。他們是把媽媽抬進墳墓的人。假如一個人在童年時就在夢裡目睹媽媽去世這種令人震撼的意象，那麼顯然，其創造力和精神命運不可能由女性母親來決定，而是由代表著與母親相反精神極性的男性父親邏各斯來決定。[16]這種滲透在他思想和寫作中的科學精神和科學邏輯推理，都從他的生命蓄水池中得到了支持。

榮格非常重視佛洛伊德對他思想的理解，並在信裡煞費苦心地設法讓佛洛伊德瞭解自己。但可悲的是，從佛洛伊德的回信中可以看出，他幾乎跟不上榮格的思路。[17]這些 1911 到 1912 年間的書信往來已勾畫出了這齣戲的最後一幕。最終，無論是佛洛伊德對榮格表現出的不信任，還是榮格對佛洛伊德的無禮，都不是導致他們進一步分歧的原因。這些都只不過是導致他們友誼破裂的外在偶然因素。

與佛洛伊德分手後，榮格以前的親朋好友幾乎都離他而去。因此榮格除了承受著與佛洛伊德斷交的痛苦之外，還備受孤獨的煎熬。他從來沒有完全擺脫對佛洛伊德的怨恨——他們彼此都這樣。然而，他意識到佛洛伊德智力超群，也從沒忘記過他自己的創作性工作中歸功於佛洛伊德的那部分。八十二歲時，榮格在一封信裡寫道：

儘管我的痛苦是佛洛伊德對我的公然誤會造成的，即使我還有抱怨，但我不得不承認他作為一個文化批評家以及心理學領域先驅者的重要性。對佛洛伊德成就的真正評價，一般而言，不僅會涉及到猶太人，還會涉及到歐洲人的心理領域，而這正是我孜孜不倦地在我的作品中試圖闡明的領域。如果沒有佛洛伊德的「精神分析」，我就是一隻無頭蒼蠅。

決裂、沉潛與內省

榮格與佛洛伊德關係破裂時，他三十七歲。談到他的著作《轉化的象徵》時，在後來的一封信裡，他幾乎羞愧地承認，他發現自己快四十歲時才有了自己的思想。他喜歡把這一切都歸因為土星的作用：土星落於他星盤的第一宮，根據古代占星術規則，土星會產生強大的抑制作用。

人們或許以為，在榮格從佛洛伊德的父親權威中解放出來後，緊跟著會是一段智力活躍期。但情況並非如此。榮格深深地陷入了對自己創造道路的不確定性之中。他在回憶錄裡寫道：「與佛洛伊德分道揚鑣後，我開始進入一個不確定時期。毫不誇張地說，這是一種迷茫的狀態。我感覺自己完全懸在半空，因為我還沒有找到自己的立足點。」【18】他的創造力似乎已經拋棄了他。乍一看，要找出從這個停滯階段到革命階段的軌跡似乎是荒謬的，所謂的革命階段，即繼續開拓《轉化的象徵》的重要主題：關於英雄以及他與母親的對峙關係。但這些思想僅僅是理論上的，每個心理學家都知道，光有理論是沒用的。在回顧自己的經驗時，榮格給埃里希· 諾伊曼寫道：「壞書是沒有生命力的，而好書卻還會有自己的發展，並提出最好是留給別人去回答的問題」（1952 年 2 月 28 日）。他在自己的回憶錄中說：「我想繼續我已經在《轉化的象徵》中開始的、對神話的科學分析。它仍然是我的追求，不過我現在不能去想它！我被動地捲入了無意識過程。我不得不隨波逐流，不知道它會把我帶向何方。」【19】

在創作停滯不前的迷茫中，榮格越來越感到他的力比多正把他從外拉回到內在的世界。一系列的夢加強了內向的趨勢，所有透過理性手段克服干擾、抗拒倒退趨勢的企圖都無濟於事。在這種困境中，他決定屈服於衝動，去傾聽內心的呼喚。因此，他開始自願地降落到母親的王國。

首先湧現的是童年的記憶：他看見自己正在津津有味地搭積木。與這種意象一起湧出的是一種感覺，實際上是一種感慨：那個孩子曾經擁有創造力，但現在已經從他身上溜走了的。【20】他總結道：

……我別無選擇，只能回到那個時期，藉由玩孩子氣的遊戲再一次過上孩子的生活。這一刻是我命運的轉捩點，但我是在無數次抗爭和隨之而來的如釋重負感之後，才屈從於這種命運的。因為我發現除了玩孩子氣的遊戲之外，我什麼都做不了，這是一種令人痛苦和羞恥的感覺。[21]

為了避免誤解，我必須補充的是：儘管在這一段前後近六年（直到 1918 年）的漫長倒退期裡，榮格在搭積木遊戲上確實浪費了一定的時間，然而，作為一個有著大量國外患者的精神科醫生和心理治療師，他仍然過著正常的中產階級生活，他的家人也從來沒有在意過他的沉迷。第一次世界大戰時期，他擔任了健康專員；1918 年起，出任位於厄堡（Chateau d'Oex）關押英國戰俘營的指揮官，為此收到了英國授予他的嘉獎。榮格對世界做出的貢獻是無可估量的。從外來看，他沉入心靈深處面對無意識，過著邊緣化的生活；而從內來看，這些邊緣化的生活恰恰使他的心靈處於真正的中心。典型的例子是，當他在厄堡擔任指揮官時，他獲得了關鍵性的覺醒，由此進入了一個嶄新的創作期。對此，我以後還會更加詳盡地談到。

搭積木遊戲僅僅是個前奏，一個進入儀式（*rite d'entre*）。隨之釋放的是一連串的幻想，而與這些內在意象密切相關的情緒，也能使人平靜下來。榮格把這一期間的所有幻想和思想都詳盡地記錄了下來，日積月累，這些手稿積累了厚厚一本約六百頁。這就是《紅書》，[22]在「回憶錄」中，對這份手稿的源起做了說明，並給出了關於這一系列幻想的概述[23]。然而，由於手稿的私人性質，它沒有被允許出版。榮格給了我一份手稿的拷貝，允許我在必要時引用。這裡，我第一次使用這項授權。

第一、二章最有助於我們理解榮格一生的創作期，因為它們可以讓我們清晰地看到引發力比多倒退的最初衝突。這兩章也對之前的創作期提出了尖銳的批評。

這份手稿的開始，將「時代之靈」（spirit of the times）與「統治一切的深層」心靈力量作比較。

充滿著人性的傲慢，受到專橫的時代之靈的蒙蔽，長久以來，我尋找的，都是不屬於我的精神。但我一刻也沒有停止思考來自遠古的深處之靈（spirit of the depths），以及在任何時候都比時代精神更有力量的東西，時代精神隨著時代而改變，盛極而衰……深處之靈讓我的理解力和我的所有知識都服務於那些令人費解、自相矛盾的地方，更準確地說，深處之靈必然用這種方式呈現給每個時代的人。深處之靈只讓我言說它讓我言說的東西，也就是說，它只讓我做把有意義和無意義的東西融合起來的事……在我將近四十歲時，我實現了兒時就有的願望：我擁有名聲、權力、財富、知識，以及最好的運氣。因而我對這些好東西不再貪求，我的欲望消退了……我感到了深處之靈的存在，但我無法理解它。

在第二章中，榮格寫的〈重尋靈魂〉（The Rediscovery of the Soul）那裡，我們看到了如下的句子：

我回來了，我又回到這裡——
我和你在一起——經過多年的漂泊，
我又再次回到你身邊。

我要不要告訴你，我看見過，經歷過，
並令我深深陶醉過的東西呢？
或許，你並不想聽到這塵世的喧囂？

但我想讓你知道，
我已經認識到的事，
人不得不活在這一世。

人生就是道路，
是最漫長的探索。
是通向未知盡頭，
那我們所謂的神聖。

此外沒有其他的道路。

其他所有的道路都是歧途。
我找到了正確的道路，
它把我帶到你這裡，
把我帶進我的靈魂。

我歸來了，溫和而純淨。
但我的身上仍充盈著時代之靈，
以及與人類靈魂不同的思想。

對於靈魂，我思考過，也說過許多；
我知道許多關於靈魂的陳詞濫調，
我評判它，把它當成科學研究的對象。

我沒想到，靈魂，
不能成為我評判和知識的對象。
它遠遠超過我能判斷和知道的東西。

因而，深處之靈迫使我跟自己的靈魂對話，
把它當成鮮活獨立的存在去呼喚它，
重新發現它，是我的幸運。
我必須意識到，

我已經失去了我的靈魂，
毋寧說，這麼多年來，
我已經從我的靈魂中丟失了自己。

深處之靈將靈魂視為獨立鮮活的存在，
因而與時代之靈所說的靈魂不一樣。
因為時代之靈認為，靈魂是憑藉個人存在的，
靈魂使自己成為有序的、可以被判斷的東西，
也就是說，靈魂在我們可理解的範圍。

在深處之靈面前，
這種想法是多麼傲慢、多麼無禮啊！
因而，重新發現它是一種
令我變得謙卑喜悅……
沒有靈魂，就走不出這個時代。

「深處之靈」透過來自無意識的一系列意象展現自己。代蒙生生不息，並不斷變換形式，因而，曾經出現在童年夢裡的代蒙作為意識世界的補償之神、並預示著命運又出現了。代蒙最初樣子把孩子嚇壞了，媽媽還發出了警告。現在，榮格說：「長久以來，我尋找的都是偏離自己的精神。」但既然已經生

活過，並充分地享受過生活，現在他已人到中年，達到了人生的頂峰，因而物極必反（enantiodromia），一直向外的力比多轉向了內在世界。

在《紅書》裡，他第一次明確地提出：不能將靈魂作為判斷與知識的對象，相反，判斷與知識是靈魂的對象。它成為榮格後期作品中最基本的思想之一。此外，按照認識論的看法：所有的知識都建立在人類經驗基礎上，受到人類的制約；「『給予』我們一切的『給予者』就存在於我們身上[24]。」這兩種思想在幾乎所有的榮格晚期作品中，也都一再反覆地被提到。有必要反覆強調，是因為這涉及到人的感知，這種感知不容易受到原真感受的影響。自然而然產生的感受很容易、且常常是不可救藥地會將自己從客體上感覺到、想到或揭示出來的東西，誤認為是對方身上的東西。因此，當榮格斷言上帝的知識「來自自然的靈魂」（上帝的知識就是人類靈魂中上帝意象的知識）時，還是引起了軒然大波，儘管這個斷言並沒有涉及到上帝本身是否存在的問題。受到心理因素制約的知識、經驗、感知，甚至包括所有的啟示，基本上表達了榮格關於人的意象以及人在內、外在宇宙中所處的位置。

我引用的兩章都是介紹性的，在接下來的章節中，我們可以看到對真正幻象的描述。既然已經順從了無意識的牽引並允許自己墜入深淵，他因此得以體驗到異常豐富的內在形象。經過幾年的積累，居然成為對他個人的啟示。他自己把這種個人啟示稱為原始經驗（primordial experience）。但他並沒有止步不前，這種主觀體驗後來成了對他創造性科學工作最有力的挑戰。

我所有的工作、所有的創造性活動，全都來自那些最初的幻想和夢……我的後半生完成的所有事業都被包含其中，儘管最初只是以情緒和意象的形式表現出來。[25]

所有一切都是從那時開始的，後面的細節只是對從無意識中噴發出的、最初淹沒我的那些材料的補充與說明。它構成了我終身工作的原初物質（prima materia）。[26]

榮格透過他的科學工作，把這種原始經驗（也可被描述為神祕經驗或靈知）融進了他的時代思想中。在這種使深處之靈服從於時代之靈的智性工作中，把內外在世界、無意識和意識，這些看似難以調和的對立面相融合的過程中，就隱含著他對自己的治療。它成功地避免了沉入無意識，考慮到榮格的基本問題，這意味著他對母親的勝利。

結束了海上夜航，榮格變了一個人。他已戰勝了母親，現在，他自己的精神已經刻上母親女性的標記，這就是既能涵容又富生產力的子宮，它能夠把未知、陌生的東西打造成我們熟悉的形式。[27]

這種融合了母性的精神，也改變了他的「靈魂意象」：阿尼瑪（anima）。在母親—阿尼瑪的地方，出現了一個更年輕的阿尼瑪形象。就在這時，他遇到了托尼·沃爾夫（Toni Wolff），她成了榮格領悟心靈意象世界的幫手，一路直到她 1953 年去世。用煉金術的語言來說，她是他的「靈魂的姊妹」（soror mystica）。

心理治療之所以得益於榮格的無意識「實驗」，是因為他從這種實驗中發展出了「積極想像法」：一種心靈冥想，一種把無意識內容帶進意識中的輔助方法。後來，他將出現在冥想中的意象世界（感覺和情緒的寶藏）與由迷幻劑打開的意象世界做了對比。積極想像產生的東西必須是在有意識的活動下產生，正因此，它符合個人的精神發展，而與此同時，由藥物帶來的對奇幻世界的體驗卻是不勞而獲的，其結果是，在藥物作用下，從無意識中產生的東西越來越僵硬，想把它們的內容吸收進意識之中，也就比任何時候都更加困難。

從倒退階段一開始起，榮格就知道自己面臨著兩種選擇：是在大學裡追求他前途無量的學術生涯，還是繼續「坦然面對」無意識的實驗。儘管做出選擇並不容易，但他還是選擇了犧牲他的職業生涯，[28]而做出這樣的選擇是基於他所自稱的，「**從永恆的觀點來看每一件事情**（sub specie aeternitas）更重要」[29]。這個決定就像誓言一樣至死不渝。他在回憶錄裡說道：「正是從那時起，我不再僅僅屬於我自己，也沒有屬於自己的權利。從此，我的生命不屬於任何人。」[30]在幻象和幻想中，他獲得了宛如來自更高力量的啟示，這種更高的力量，不僅屬於他，也屬於他的同胞。實現他一生的使命，需要付出他所有的精力，完全無條件地服從於超個人的東西。

大約四年後，這種倒退逐漸減弱。正是在1916年，榮格第一次產生了賦予它形式的衝動，其結果就是寫出了〈給死者的七次佈道〉（Septem Sermons ad Mortuos）——一首具有諾斯替教風格的散文詩，與其他的幻想不同，它的語言和內容非常凝練。這首詩概述了他這些幻想中一些最基本的概念，因此，這首詩不僅為這段內省期畫上記號，同時也預言了新作品的到來。

榮格的演講「無意識結構」（The Structure of the Unconscious，以法文發表），也標誌著1916年是重要的一年。在這次演講中，他第一次試圖用科學形式簡略地講述他的經驗。十二年後，他重寫了這篇演講稿，把它收錄進影響巨大的論文〈自我與無意識之間的關係〉（The Relations between the Ego and the Unconscious）[31]中。

邁向個體化

引人矚目的、充滿著危機的退化階段於 1918 年明確結束，其標誌就是榮格提出了個體化概念。這個概念在「七次佈道」中已經有了大致的框架。個體化的思想令他感到輕鬆平和，他決心重回科學探索的世界。過去的這些年裡，榮格苦苦掙扎的正是通過個體化過程將彼此對立的東西結合在一起。個體化概念意味著超越時間，逐漸達到圓融。我們甚至可以說，每個個體的無意識本身都是處於時空中的。因而，獨特的個性也就成了無數個原始的、未知的、也不可知的現實中的一個側面，它以自己的獨特性實現自身。

從這些年的一系列幻想中得出的結論是，個體化過程是非線性的；它圍繞著目標（整體性〔wholeness〕）繞行，不斷靠近目標。其象徵就是圓或曼陀羅，與此同時，圓和曼陀羅也代表著目標，即，自身的整體性。榮格是在厄堡服兵役期間認識到這一點的。他在回憶錄中的備註裡寫道：「我越來越清楚地認識到，曼陀羅就是中心，它為我們指明了道路，它就是通向中心、通向個體化的道路。」[32] 經過十年深入的探索和實驗，榮格才發表了這些思想。他在一本與衛禮賢合著的，有關中國道家煉金術著作《黃金之花的祕密》中，表達了這些思想。長時間的猶豫不決是他的性格特點，也說明他謹慎勤勉的工作態度。他盡可能任由他的思想直覺天馬行空（例如，他在一次對話中稱之為「編神話」），而在他的作品面世之前，這些假說必須獲得充分的事實支持。

《黃金之花的祕密》是吸引榮格的第一本煉金術文本。正如他在〈歐洲人評注〉中寫的那樣，他在這本書裡看到的對形式和意象的描述，與他在研究神話時出現的幻想常常是一樣的，並不斷得到深化。令他印象最深的是，曼陀羅在中國煉金術中的重要作用，不僅金花本身的樣子就是曼陀羅，而且它是一個圍繞著中心繞行的意象，或者說，是一團「旋轉的光」（迴光）。旋轉表明，已經進入了自我成長的過程；現在發生作用的是「道」。同樣，榮格也把繞行當作個體化的象徵，其中發生作用的是自性。他從兩者之間的相似性中明確了前方的道路。榮格在他的回憶錄中回顧道：「這是打破我孤立狀態的第一件事。我開始意識到其中高度的相似性；我可以建立起人和事之間的聯繫了。」【33】現在，他知道他該從哪裡著手他的科學工作，從而找到與他個人體驗相符合的歷史上的先例了：這就是煉金術。【34】這些年來，因為與他人思想隔絕的精神世界帶來壓抑感逐漸消退，乃至最終完全消失。一方面，他慶幸自己找到衛禮賢這個朋友，衛禮賢透過掌握東方智慧理解榮格，另一方面，榮格從來沒有徹底擺脫 1930 年衛禮賢的早逝帶給他的悲痛。榮格的經驗與中國書籍中的思想之間的相似性也給衛禮賢留下了深刻印象。在一篇名為〈我在中國邂逅榮格〉（My Encounter with C. G. Jung in China，《新蘇黎世報》〔*Neue Zürcher Zeitung*〕，1929年1月29日），衛禮賢寫道：

> 榮格與遠東智慧的相似性絕非偶然，而是來自內在的、對人生觀的高度一致……因而我在中國邂逅了榮格……中國智慧和榮格醫生都彼此獨立地接觸到人類集體心靈的深處，他們在那裡遇到的東西彼此看上去如此相像，這並不奇怪，因為中國智慧和榮格都根植於真理。這證明，只要挖掘得夠深，從任何地方都可以獲得真理，這位瑞士科學家與中國古代聖賢們之間的一致性表明他們都是對的，因為他們都發現了真理。

現在再回到1918年，當榮格的積極想像中突然出現曼陀羅圖形時，他感到有必要把兩者用科學方法表述出來，並且這種願望十分強烈。第一本主要作品是1921年面世的《心理類型》（*Psychological Types*）。這本書的準備期可以追溯到許多年前，[35]或許可以追溯到他與佛洛伊德的決裂期。

從本質上說，這本書實際上是他與佛洛伊德之間的爭論的間接延續。它從類型的角度看待人類思想和觀點模式的多樣性，並對佛洛伊德的思想給出了正確的定位。對態度和功能類型的描述構成了這本書的主要部分。任何一種類型外在的可見面向，都是它本身類型的對立面補償，這種補償是由無意識產生的。在這本書裡，榮格提出了他科學工作中的一個重要主題：心靈的兩極性。

《心理類型》開啟了一個嶄新的創作期，榮格把這個階段描述為對他一系列幻想的「補充與說明」。這是他最後的創作階段，這個階段一直延續了四十多年，直到他去世。他的工作幾乎從來沒有中斷過，創造了涉及面廣的強有力作品。然而，最後的階段卻不連貫，被中斷了兩次，兩次停頓都是因為重病，這反而有機會讓他的思想更為深入和精細，儘管並沒有帶來根本性的改變。

第一次中斷是在 1944 年，榮格突發心肌梗塞差點死去。在他的回憶錄裡，他對那次出現在他眼前幻景中的輝煌世界做了描繪。這是他又一次被淹沒在集體無意識的母性世界，醒來後，他感到自己內心更為豐富。

這些幻象在神祕的婚禮中達到了頂峰：卡巴拉中的新娘（Malkuth）與新郎（Tiferet）的結合、羔羊的婚禮、赫拉和宙斯的神婚。這些幻象令榮格獲得了難以名狀的狂喜：「這些幻象中充滿著令人無法想像的美麗和強烈的感情。它們是迄今為止我所見過的最壯麗的景象。」【36】

這些幻象再次被證明為是未來新的洞察和思想的前奏。

從那時起，在榮格作品中佔據中心位置的對立面問題，出現了新的一面：他不再關注意識與無意識內容的對立、內在與外在世界、精神的（spiritual）和陰森的（chthonic），他甚至不再更深入地洞察無意識的本性。換言之，他關心的是一個單一領域：這個領域構成了內外現實的基礎，其中的對立面不再彼此分離並可以分別感知，但它們仍然構成一個矛盾統一體。結婚的幻象，即，**神祕合體**（mysterium coniunctionis），就是超驗統一體的象徵性預兆。

在榮格的煉金術研究中，尤其是在墨丘利這個代表著對立統一的形象上，榮格暗示了世界的背景是超意識的和矛盾的（1942 年）。[37] 煉金術士們說，墨丘利既像神一樣，又是一種神祕物質，他還具有雙重性（duplex）或「兼具兩種能力」（utriusque capax），也就是說，既是精神的，也是物質的。1946 年，榮格邁出了關鍵的一步，在這一年的艾瑞諾斯演講中，他提出一個假說：原型具有**類心靈性質**（psychoid quality）。[38] 他用類心靈這個概念來表達，原型既具有心靈的一面也具有物質的一面，或者，就像他後來指出的那樣，它是「中」性的，他用「中性」概念表達了，世界是各種主要對立面的結合。

類心靈原型與類心靈無意識，這兩個概念的提出，正如在通靈學中看到的例子那樣，它們被證明是一種富有成效的假說。早在 1930 年，榮格就展示過諸如直覺、預感、預示性的夢等，這些常常與原型聚集或原型情景一起發生的超感官知覺，例如死亡、生病、誕生、結婚等。這些經驗上的發現如今有了理論上的支持。從心理學觀點看，這些超心理現象說的是原型聚集的類心靈統一體的分裂。同一樣東西，物質的一面表現為具體的事件，心靈的一面，則透過夢、直覺或幻象，以意象的方式呈現出來。因而，同一個原型會有兩種完全不同的表現，並以這種準一雙重性的形式進入意識。通常，內在（心靈的）與外在（物質的）事件在時空上是分開的，只有在個人的主觀體驗中才會一起出現。此時此地做的夢顯示的是很久以後才會發生的事，今天產生的直覺，預示的是幾星期或幾個月後將要發生的事。【39】透過這種時空的疊加，超越背景的原始類心靈統一體裡的東西變成看得見的，或可以主觀體驗到的東西，這也因此解釋了為什麼神祕感、好奇心或神聖感通常都伴隨著這些奇怪的現象。

榮格最重要的關於自然的一元背景、類心靈或中性的思考，可以在他最後的主要著作《神祕合體》（*Mysterium Coniunctionis*），尤其是最後一章〈合體〉中找到，由於最後一章的內容令人生畏，他遲遲不敢動筆。直到受卡爾・凱倫伊（Karl Kerényi）的〈愛琴海的慶典〉（Aegean Festival，論《浮士德卷二》〔*Faust Part II*〕）【40】一書的刺激，他才於六十六歲著手寫《神祕合體》，十六年後完成了總兩卷本。

隨著超驗一元世界假說的提出，榮格達到了他理解的極限。他對這個主題的構想是非常謹慎的：「我們並不知道，我們從經驗出發（除了經驗，我們一無所知）所認為的物質與邊界外那裡所看到的心靈是否是同一樣東西。」[41]在那個超驗的地方，物理與心靈似乎是同一樣東西。然而，這種思想依然還只是一種假設，因為人類無法從總體上，對任何存在的本性做出明確的判斷。不過，在與物理學家沃爾夫岡·包立大量友好的交談中，榮格從深度心理學與微觀物理學的比較中找到了支持。微觀物理學正摸索著進入物質的未知神祕領域，深度心理學也正探索著進入心靈中未知的神祕領域，這兩門科學發展出的概念具有明顯的相似性。在更深層的心物層面上，這種相似性不得不涉及到已經成熟的時空相對論，首先是互補性概念。互補性概念既來自從意識與無意識之間的關係，同時也來自認識論上的洞察：觀察對象僅僅是體驗到或認知到的對象，而不是對象本身。在包立給榮格的一封信裡寫道：

事實上，在這一點，物理學家期待心理學上的對應，因為在認識層面，「意識」和「無意識」的概念似乎為物理學中的「互補性」提供了一個近乎完美的對應。每一次「無意識的觀察」，即，每當意識察覺到無意識內容時，意識就會對這些同樣的內容產生不可控的電抗效應（reactive effect）……不可否認，微觀物理學的發展已經為我們開闢了一條道路，這門科學描繪出來的自然與新興心理學非常接近：然而，由於存在著根本性的「互補」情況，前者面臨著無法用可確定的矯正器消除觀察者影響的問題，因此從原則上來說已經不可能客觀地理解物理現象了，而後者可以透過假設充滿大量客觀真實的無意識的存在，對純粹的意識主觀心理加以補償。【42】

透過包立所強調的物理學與心理學之間的相似性，這兩種科學所探索的東西完全是一樣的這種假說獲得了可能性。換言之，世界的多樣性是建立在統一性的基礎上的。

隨著對實踐心理研究的進一步深入，理論上的反思也越來越深刻。它的主題是，揭示男女關係中的先驗一元宇宙：榮格結合對煉金術文本的解釋，在〈移情心理學〉中研究了這個問題。這本書於1946年問世。從心理學上看，來自於超意識領域的自性的統一原型，只有在男女之間的愛慾與毀滅中才能實現自己。這是由越來越多的差異和不斷加深的關係帶來的，煉金術士們把這個過程命名為「結合的各個階段」。任何真正的、完整的關係，都浸透著永恆的感情，因為，不受時間限制的、已經分裂的一元世界，又在兩個愛人之間結合了。榮格在一封（用英文寫的）信裡寫道：「生活中生動而神祕的東西都隱藏在『兩者』之間，這是無法用語言或沒完沒了的爭論說清楚的真實神祕」（1960 年 8 月 12 日）。

反思宗教與人類心靈

自相矛盾的一元宇宙，最終導致榮格在他的宗教心理學中邁出了決定性的一步。從根本上來說，他所有的作品都可視為對心理—宗教的言說，是對充斥在我們周圍，有意或無意地引導著我們的神性，不斷作出的解釋。「從本質上說，我終身從事的工作，就是試圖去理解別人顯然相信的東西。」（1948 年 5 月 21 日的信）

在他宗教方面的寫作中，對立面問題從一開始就扮演了一個角色，這裡我只能蜻蜓點水淺嘗輒止。一方面，他不得不對耶穌和魔鬼進行反思，另一方面，他還不得不對耶穌和煉金術原石（lapis）進行反思。關於這一點，他傾向於把他在現代人無意識中所發現的陰性的、黑暗的、冥界的面向上升到神性的高度。這種人具有神性的觀點，有悖於三位一體的上帝意象，但是透過加入第四種強有力的東西，人的內在精神就變成了神聖的四位一體，即，完美的象徵。這種對立面問題的宗教方面來自於他對歷史文獻的解釋，但最重要的是他對並不總是用教義來思考的現代人宗教體驗的研究。榮格最早是在他最後一個創作期中途停頓期的幾年前，即 1937 年問世的《心理學與宗教》中解決這些事實和思想的。

直到很久以後，他才開始關心對立面另一個方面的問題。對立面不再是敵對的、補償性的、或多少有些獨立自主的問題，而是上帝意象中本來就存在著兩極性，尤其，《舊約》中的上帝意象完全不同於《新約》中的上帝意象。從心理學角度看，上帝意象非常類似於不可表達的神祕心靈領地，我們越是看到上帝意象中的內在矛盾，我們就越能夠看清楚這個世界，也就是說：更加凸顯出它固有的矛盾。實際上人們隨之就會發現，地下神和天上的神是同一個上帝意象：光明伴隨著黑暗、創造力伴隨著毀滅意志、善良和慈愛伴隨著憤怒和不公。

很長一段時間裡，榮格猶豫著不敢說出猶太—基督教的上帝意象中的矛盾。他意識到，評論一個代表著正義與善良的上帝意象，將會對深入人心的古老傳統造成傷害。但他也知道，每個時代都記載著一些虔誠之人：當他們面對上帝意象的黑暗面時，沒有選擇退縮。確實，這些特徵甚至在《舊約》和《新約》中都已經被提到過。就在這種衝突中，榮格又生了大病，那時他已經七十六歲了，這是他最後一次創作期的第二次停頓。就像聽到來自內心的聲音一樣，他狂熱地寫下了他的《答約伯》：「就好像有個精靈掐住你脖子不放似的，這本書就是這麼來的。」他在一封信裡寫道（1951 年 7 月 17 日）。

《答約伯》既是從心理學角度對於《聖經》文本的解讀，

也是一種懺悔，也解釋了為什麼這本書充滿了激情。在 1954 年 2 月榮格寫給一個和他討論《答約伯》的英國神職人員的一封信裡，這本書的懺悔性質得到了證實。

與上帝扭傷你的屁股或殺死長子做比較，你就會覺得把上帝說成「無禮」（coarse）太溫和了。

我敢打賭，雅各給天使一拳，也不是一種友好或禮貌的表示。正如你說得那樣，他們都是善良的，但他們已經「摘下了手套」——這就是我體驗到的被稱為「上帝」的一面。說「無禮」是遠遠不夠的，最好是說「粗魯的」、「暴力的」、「殘忍的」、「血腥的」、「可怕的」、「惡魔般的」。出於我受過的教育和禮貌的怯懦，我還沒有徹底褻瀆神明。每走一步，我都感到阻力重重，面對天國的美好幻景我最好還是保持沉默。

人們或許會為榮格的緘默感到遺憾，但考慮到他對這部作品的忠實，它是在「深處之靈」的魔法下寫成的，我們完全可以想像他會說什麼。可以回想一下，很久以前，陰莖地下神就在那個童年的夢裡聲稱他擁有權利了。在榮格的作品中，直到他生命結束，這種黑暗的一面都有著主導性作用，這也決定了他對稱為上帝的無法言說的超力量態度。「人**可以**愛上帝，但必須敬畏他。」[43]

但是，隨著榮格越是看透無意識迷一般的世界，越是強烈地感覺到黑暗力量的神聖性，也就越清楚地認識到由人類的感知力和理解力所產生的反思意識的價值。這與他所從事的探索「深處之靈」的工作（opus）並不矛盾。只有與同樣強大的、不可摧毀的、果斷的意識合作，才能完成這項偉大的工作。意識是至高無上的，因為正是通過它，人類才意識到了內在和外在、光明與黑暗世界的存在，並用這種方式區分出現實。榮格晚年講到過「反思意識的奇蹟」，[44]以及「意識的宇宙意義」。[45]用宗教話語來說，就是：「人就是上帝面前的一面鏡子，或者說，就是他理解他自己的感覺器官。」（1953 年 5 月 28 日的信）

早先，榮格看到的是無意識作為創造力源泉和它自主力量的一面。到了晚年，他主要強調的是意識中的創造性迴響：正是這種意識，不僅抵擋住了無意識的進攻，而且在遇到無法理解的東西時，仍然保持清醒。即使在它面對無法理解的東西時，它停滯不前了，並把它當作生活中的未解之謎留了下來，但意識還是透過理解而創造了現實。然而，意識還有另一面：透過理解世界和我們自己，以及對心靈兩極性的瞭解，迫使我們更加反思生活，更為謙卑，尤其是對他人更為寬容。意識成了發自內心的道德挑戰，偉大的責任感取決於個人，但同時也賦予了他作為人的真正價值。

今天，生活本身顯然比任何時候都更加依賴於每個人的責任意識。人類的無意識，以及陷入無意識中的、多少有些不負責任的民眾對榮格造成很大干擾，並給他的晚年生活投下了陰影。他憂心忡忡地看到當深層真理不被理解時產生的危險：我們既不能忍受它的黑暗面，也不能從中黑暗面獲得啟蒙。他首先預見到了將會威脅到人類存在的大災難。幾乎沒有人傾聽他的聲音，也不理解他在說什麼。儘管已經享有國際聲譽，榮格還是感到自己的聲音像曠野中的吶喊。悲哀和憂慮回盪在這位先知的預言中：

> 驅使我這麼做的並不是傲慢，而是出於我作為精神科醫生的良知所賦予我的責任感，我是為那些極少數人準備的：這些人將會傾聽我講述的、與一個紀元的結束有關的、即將到來的事件。……坦率地說，我關心所有那些還沒有準備好的人：這是由於這些事件還懸而未決，以及它們令人費解的本性所帶來的困惑。[46]

榮格不得不指出的這些迫在眉睫的危險，並不是給團體或國家的管理建議，而總是給更偉大的意識聽的——這些更偉大的意識是一些或許多個人費盡千辛萬苦獲得的。「歸根結底，整個未來，整個世界史，都是由每個個體組成的，是這些個體的巨大總和。在我們自己最私人的主觀生活中，我們不僅僅是時代的消極旁觀者和承受者，我們還是時代的創造者。我們創造著自己的紀元。」[47]也因此，「個人態度的改變可以帶來民族精神的復興。」[48]假如我們在知識上和對外在世界掌控上的每一次進步，都是對來自深處之靈或無意識精神更加熱情的補償，那麼，我們的創作力就能保持平衡。[49]面對前所未有的太空旅行、生物操控，以及我們所在星球上的物種滅絕，為了防止人類的全能上帝把災難毀滅性地降臨到我們眾人頭上，意識和良心必須更加緊密地協調一致。考慮到同時代人的烏合之眾心理，榮格懷疑是否有可能產生這種心理發展上的變化，因為他知道，在任何時候，自主的心理動能都有可能從深處爆發出來，並造成全人類的毀滅，這令他憂心忡忡。他在 1957 年說：「今天的世界命懸一線，這根線就是人的心靈。」[50]

即使到了晚年，榮格也從來不是一個俯視他所熱愛生活的智者，他懂得怎樣享受生活。他的智慧是另一種：這是一種對人心（包括他自己）的深入瞭解，並在生活的巨大矛盾中承受痛苦的智慧。他對自己的死亡也不是採用一種超然的態度。他極富人性地抱怨時間對老人的摧殘，它一點一點地把他的力量榨乾。但他發現了心靈可以延伸到一個沒有時間限制的領域，因而他確信，即使死後，人的心靈也不會結束。儘管他把對該主題的思考歸之於「編神話」領域，但那還是給他帶來了內心的平靜。

在他的生命行將結束時，他對他自己的作品有一種感覺：他已盡自己的力量，寫完、說完了所有的一切。在八十六歲，離世之前的四個月時，他在一封信中寫道：「我能說的是，我對我寫的每一部作品負責；我是誠實的，我所呈現的事實就其本身而言，並沒有過時。我不希望出版我還沒有完成的東西，我忠實於自己說過的一切。」

備註

【1】 這封信是用英文寫的（1945 年 8 月 28 日）。亞菲的德語版本的翻譯有助於理解其含義，其內容應為：「說出任何關於心理階段順序的確切信息，或對之進行描述，都非常困難。在我看來，某些標誌性事件具有強烈的情感基調，始終是真正的里程碑。」

【2】 〔編註〕代蒙（Daimon）有守護神之基本含義，也有原始生命力、邪靈、惡魔等意涵。詳參本書第四章備註 22。

【3】 由亞菲記錄整理、理查和克拉拉．溫斯頓翻譯（New York, 1961）的《記憶、夢和反思》，p.11f。該書在以後的文本中簡稱為「回憶錄」，在備註中簡稱為「回憶」。

【4】 從詞源上說，「phallus」與希臘語的「閃光」、「明亮」的詞意有關。

【5】 《回憶》，p. 356-367。

【6】 同上，p. 31。

【7】 同上，p. 30-32。

【8】 同上，p. 32。

【9】 參見《回憶》中〈西格蒙德・佛洛伊德〉章節。

【10】 除了聯想實驗之外，他還寫了〈孩子的心靈衝突〉（Psychic Conflicts in a Child, 1910），〈對謠言心理學的貢獻〉（A Contribution to the Psychology of Rumor, 1910-1911），〈父親在個人命運中的重要性〉（The Significance of the Father in the Destiny of the Individual, 1909），和〈精神分析理論〉（ The Theory of Psychoanalysi, 1913）。

【11】 參見《回憶》，p. 363ff。

【12】 該文分兩部分發表於 1911 年和 1912 年的 *Jahrbuch fur psychoanalytische und psychopathologische forschungen*，同時，由萊比錫的 Deuticke Verlag 以書的形式出版。

【13】 榮格著《榮格全集》（以下簡稱 CW），CW 5, § 646。

【14】 同上，§ 553。

【15】 〔編註〕荷魯斯（Horus）是古代埃及神話中法老的守護神，是王權的象徵。可看作是由許多與皇權、天空等意象有關的神祇組合體，這些神祇大多是太陽神。

【16】 霍倫（E.F.Horine）的《一些西格蒙德・佛洛伊德夢中的阿尼瑪和艾瑞諾斯方面》（*Anima and Eros Aspects in some Dreams of Sigmund Freud*），未發表專題論文（C. G. Jung Institute Zurich, 1970）。

【17】 在佛洛伊德的〈精神分析運動史〉（On the History of the Psychoanalytic Movement, 1914〔 Standard Edition, vol. 14 〕）中，佛洛伊德極為尖銳地表達了他對於榮格主題及榮格思想，尤其是關於亂倫的象徵的看法。歐尼斯特將他的評述描述為「挑釁」，佛倫茨（sandor ferenczi）稱它為「炸彈」。

【18】 《回憶》，p. 170。

【19】 同上，p. 196。

【20】 同上，p.174。

【21】 同上。

【22】 《回憶》，p. 188，以及 n. 6。

【23】 同上，p. 181ff。

【24】 參見〈對《西藏渡亡經》的心理評述〉（Psychological Commentary on The Tibetan Book of the Dead，CW 8 §841）。

【25】 《回憶》，p. 192。

【26】 同上，p. 199。

【27】 榮格用這些話來描述他的朋友衛禮賢。參見〈紀念衛禮賢〉（Richard Wilhelm: In

Memoriam, CW 15, §76）。

【28】《回憶》，p. 194。

【29】同上。

【30】《回憶》，p. 192。

【31】1916 年時，他還寫過〈無意識過程的心理〉（後來又重寫並擴充為〈論無意識心理〉〔On the Psychology of the Unconscious, CW 1 〕，《全集》第七卷）和〈超越功能〉（The Transcendent Function, CW 8），該文第一次發表於 1957 年。參見霍爾（R.F.C.Hull）的〈兩篇榮格遺著的序言注解〉（A Prefatory Note to Two Posthumous Papers of C. G. Jung, Spring 1970）。

【32】《回憶》，p. 196。

【33】同上，p. 197。

【34】西方煉金術文獻說：偉大的寶藏，即「哲人石」（lapis philosophorum）是透過「工作的循環」（opus circulatorium）或「循環的蒸餾」（circulatory distillation）產生的。

【35】1915-1916 年之間，就類型學的主題，榮格與他的朋友 Hans Schmid-Guisan 博士有過大量通信。

【36】《回憶》，p. 295。

【37】參見〈精神墨丘利〉（The Spirit Mercurius, 1948, CW 13）。

【38】〈心理學精神〉，《艾瑞諾斯年鑒》（*Eranos-Jahrbuch* 1946），後來又改名為《論心靈的本性》（*On the Nature of the Psyche*, CW 8）。

【39】因此，榮格不說 synchronous，而是說 synchronistic 事件。

【40】凱倫伊（Karl Kerényi）的〈愛琴海的慶典（Das Aegaeische Fest），《歌德浮士德（II）中的海神場景》（*Die Meergotterszene in Gothes faust II*, Albae Vigilae XI）。參見《神祕合體》（CW 14, p. xiii）。

【41】同上，§ 765。

【42】〈論心靈的本性〉，CW 8, § 439, n. 30。

【43】《答約伯》，CW 11，§ 733。

【44】《回憶》，p. 339。

【45】同上，p. 255。

【46】〈飛碟：一個現代神話〉（Flying Saucers: A Modern Myth），CW 10，§ 389-390。

【47】〈現代人的心理學意義〉（The Meaning of Psychology for Modern Man），CW 10，§ 315。

【48】〈《當代事件論文集》結語〉（Epilogue to 'Essays on Contemporary Eventss'），CW

10，§ 459。

【49】 沃夫岡・包立認為：在自然科學領域中，對應性的原型意象必須成為每一個概念性構想的基礎。參見〈原型觀念對開普勒科學理論的影響〉，（The Influence of Archetypal Ideas on the Scientific Theories of Keple），出自榮格、包立合著《自然與心靈的詮釋》（*The Interpretation of Nature and the Psyche*, London and New York, 1955）。而在政治生活領域中，為了避免邪惡的有害性投射，必須意識到陰影的存在。

【50】 1957 年，榮格與埃文斯（Richard I.Evans）的訪談。參見埃文斯的《與榮格對話》（*Conversations with Carl Jung*〔Princeton: Van Nostrand, 1964〕），p. 17。

｜翻譯後記｜

翻譯榮格的使命正起步

李　毓

（一）

我接觸過很多愛讀書的人，他們博覽群書、興趣廣泛，隨便遇到一個話題，都可以侃侃而談。但一梁似乎跟他們都不一樣。他每天看大量的書（英文居多），但都是圍繞著一個主題。

比如說，翻譯哈維爾時就看捷克、東歐歷史或那個時代的歷史人物傳記；現在翻譯榮格，就看各種關於榮格的書，只要是有關的，不管是傳記、自傳，還是他學生們寫他的作品，或者同時代心理學界對他的評價，只要他能借到、能下載的都會想方設法地找來看，甚至是同一本書的不同版本：英文版、德文版、中文版；或者是同一本書不同的中譯本或不同的英譯本……，他像個沉溺於迷宮遊戲的小孩，把每一步、每個疑問、每種關係，甚至一些成為公案的每個細節都要搞得清清楚楚。

在這段時間，他與別人的談話內容，也僅限於榮格，並不考慮對方能否聽得懂或者感興趣。在海外孤獨地流浪，難得有機會與國內的朋友相聚，他從來不考慮談話對象，三句話不離榮格，時常讓人莫名其妙。他不會社交，找不到得體的、可以與人交流或分享的話題，常常令我感到尷尬。他的這種表現，輕則無厘頭，重則神經質。我的提醒他從來置若罔聞，也不計較對方的茫然或冷漠，依然津津有味沉浸在自己的世界。在這方面，他自我中心的一面表現得淋漓盡致。

僑居的生活本來就孤獨單調，而他的精神生活更加單調或單一，當然，他自己並不這麼認為。在他看來，以榮格思想的博大精深，值得他投入餘生去研究和翻譯。

（二）

我們是在翻譯榮格的《孩子們的夢》時發現亞菲驚人的聰慧的。那本書的基本結構是：某人提出一個夢的案例，榮格與他的學生一起進行分析。亞菲的分析和解釋總是讓我們不約而同地拍案叫絕。於是，又像以往很多次那樣，某個清晨，當我們吃完早餐打開電腦開始工作的時候，他說：「另開一個窗口，我們開始翻譯亞菲的『榮格的最後歲月』。」

對於他的專橫，我早已習慣，儘管我偶爾也會抱怨：好不容易剛剛適應了某本書的表達風格，或已經深入一本書的內容思想，突然轉到另一本，自然又需要一定時間的適應，好在「萬變不離其宗」，都是圍繞榮格的書。

那時，我們正在尼泊爾。記得常常是，屋外春雷滾滾或疾風驟雨，室內，我們剛剛完成一段翻譯，為亞菲那凝練、深刻甚至是犀利的、充滿著靈氣的語言所折服，她的思想和語言讀來讓人有種酣暢淋漓的感覺，這與翻譯《遇見榮格：1946-1961 談話記錄》時的體驗是完全不同的。如果說，貝納特的《遇見榮格》是從外部粗線條地勾勒榮格生平生活的話，這本《榮格的最後歲月：心靈煉金之旅》就是從內部來剖析榮格主要思想的成型的。

我把亞菲稱為「鬼精靈」。她以她驚人的聰慧，藉著與榮格近距離接觸（擔任他的秘書），以及共同合作榮格「回憶錄」的難得經歷，對榮格的生活思想有了其他人所無法企及的瞭解。她時而是對榮格無限崇拜的、率真爛漫的「榮女郎」；時而是一個對榮格和佛洛伊德關係有著深刻洞見的榮格派學者；時而是對榮格「反猶」問題進行客觀評價的學術「權威」。她的敘述時而輕鬆生動，時而鞭辟入裡，每每讀完都讓人產生齒頰留香之感。

像以前一樣，翻譯之餘，一梁會找來大量相關資料，當他發現 YouTube 上「Remembering Jung」的系列訪談錄中，亞菲的視頻點擊率僅幾百次，相比之下，馮・法蘭茲的則達到兩萬多時，他的憤怒瞬間被點燃了：「不可思議，這太不公平了！」他說：「亞菲的價值遠遠被低估了，我們一定要讓世人重新認識亞菲！」於是，我們翻譯亞菲的作品似乎又增添了一份使命感。

（三）

完成這本《榮格的最後歲月》的第一稿之後，一梁緊接著找來亞菲的《榮格是神祕主義嗎？》繼續翻譯。在整個翻譯期間，大概是太過投入、日有所思的緣故，一梁晚上常常會做一些啟示性的夢。下面就是他做的幾個夢：

第一個夢

亞菲說：你應該設想，你是在一個夏日的夜晚。

我突然醒來，豁然開朗：昨天我們翻譯的《榮格是神祕主義者嗎？》，味道沒有翻譯出來的原因在於，我們沒有真正地吃透所謂榮格是個徹底的經驗主義的真正意思。他不是一般意義上的經驗主義者，比如說，有些人被稱為神祕主義者，是因為他們發現，客觀經驗中包含著大量神秘的東西，比如：鬼魂的存在、預言等，但榮格不是這樣，在榮格那裡，主觀體驗和客觀經驗是不可分割、融為一體的，由此理解，在榮格的經驗中充滿了無意識內容，正如亞菲說的：榮格心理分析的真正祕訣在於，榮格是和患者們共同經歷、打開集體無意識的。

第二個夢

也是因為白天有一句話翻譯得不滿意，晚上他夢見他走在海邊。海灘上有很多大樹樁，看起來像一片剛剛被砍伐過的森林，與灰暗的大海構成了一幅令人沮喪的畫面。這時，突然出現了一個老人，對他說：你這裡斷句斷錯了，你看這些樹樁，看上去就像句號，但有時候句號並不意味著結束，它或許代表著另一段生命的開始……

第三個夢

夢裡，他有一段話怎麼也翻譯不出來。

亞菲對他說，這裡你應該略寫。

他問：這明明是童年回憶錄，怎麼可以略寫呢？

亞菲說：比如說，三歲那年……你發生了那麼多的事，但你往往只用幾百個字就寫完了，這不就是略寫嗎？

他恍然大悟，只有通過略寫才能和無意識打交道，寫得越具體，就只能在意識中打轉。

這些夢中得到啟示或許不那麼清晰，但做夢本來就是與無意識打交道，越具體就越接近意識而遠離無意識，所有預言、預兆、讖語，就像《易經》的卦辭那樣，都是深奧難解的，卻隱藏著宇宙的智慧密碼。

（四）

在毫無徵兆的情況下，一梁於本月初突然開始吃不下飯，只能吃流食，因為他精力尚好，儘管我提醒應該去看醫生，在他簡單拒絕之後，我也沒有再堅持，偶爾還會繼續《歲月》一書的校對工作。誰料到，病情發展如此迅猛，兩個星期後，幾乎連湯水都難以下嚥了，短短十多天，他的體重下降了二十多公斤！這時，他自己也害怕了，沒有再拒絕我去醫院的建議。

幾天後，一系列的檢查結果出來：食道癌晚期！猶如晴天霹靂，我們從最初的不相信、不接受、恐懼、絕望，到最後不得不面對並積極想辦法進行治療。

兩個醫院的幾個泰國醫生，每個人都讓我們如沐春風，他們客觀詳盡地描述病情，但又信心十足，對我們所有的疑問擔憂都給予最大的耐心和寬慰。

儘管偶爾也會恐懼，但一梁似乎一直有種無意識的樂觀。王浩威醫師打電話來問候時，他說：「我不相信我的人生就這麼結束。我的榮格翻譯才剛剛開始，我的生命還有意義。按照榮格對意義的理解，一個人只有失去生命意義時，死亡才會找到他，我的使命還沒有完成。我相信，假如我的大限真的到來，榮格一定會托夢給我的。」

李毓

2020 年 6 月 28 日

寫於清邁大學附屬醫院 1312 病房

【附錄一】

延伸閱讀

- 《榮格論自我與無意識》（2019），卡爾・榮格（Carl G. Jung），商周。
- 《榮格論心理類型》（2017），卡爾・榮格（C. G. Jung），商周。
- 《紅書：讀者版》（2016），卡爾・榮格（C. G. Jung），心靈工坊。
- 《榮格自傳：回憶・夢・省思》（2014），卡爾・榮格（C. G. Jung），張老師文化。
- 《人及其象徵：榮格思想精華》（2013），卡爾・榮格（Carl G. Jung），立緒。
- 《黃金之花的秘密：道教內丹學引論》（2002），榮格（C. G. Jung）、衛禮賢（Richard Wilhelm），商鼎。

*　*　*

- 《孤兒：從榮格觀點探討孤獨與完整》（2020），奧德麗・普內特（Audrey Punnett），心靈工坊。
- 《遇見榮格：1946-1961 談話記錄》（2019），愛德華・貝納特（E. A. Bennet），心靈工坊。

- 《夢與幽冥世界：神話、意象、靈魂》（2019），詹姆斯・希爾曼（James Hillman），心靈工坊。
- 《數字與夢：榮格心理學對一個物理學家的夢之分析》（2019），亞瑟・米勒（Arthur I. Miller），八旗文化。
- 《榮格心靈地圖》（2017），莫瑞・史坦（Murray Stein），立緒。
- 《靈魂密碼：活出個人天賦，實現生命藍圖》（2015），詹姆斯・希爾曼（James Hillman），心靈工坊。
- 《靈性之旅：追尋失落的靈魂》（2015），莫瑞・史丹（Murray Stein），心靈工坊。
- 《受傷的醫者：心理治療開拓者的生命故事》（2014），林克明，心靈工坊。
- 《給追求靈魂的現代人：湯瑪士・克許談榮格分析心理學》（2013），湯瑪士・克許（Thomas B. Kirsch），心靈工坊。
- 《中年之旅：自性的轉機》（2013），莫瑞・史丹（Murray Stein），心靈工坊。
- 《英雄之旅：個體化原則概論》（2012），莫瑞・史丹（Murray Stein），心靈工坊。
- 《轉化之旅：自性的追尋》（2012），莫瑞・史丹（Murray Stein），心靈工坊。

- 《榮格人格類型》（2012），達瑞爾·夏普（Daryl Sharp），心靈工坊。
- 《共時性：自然與心靈合一的宇宙》（2012），約瑟夫·坎伯瑞博士（Dr. Cambray），心靈工坊。
- 《榮格心理治療》（2011），瑪麗-路薏絲·馮·法蘭茲（Marie-Louise von Franz），心靈工坊。
- 《榮格學派的歷史》（2007），湯瑪士·克許（Thomas B. Kirsch），心靈工坊。
- 《榮格解夢書：夢的理論與解析》（2006），詹姆斯·霍爾（James A. Hall），心靈工坊。

【附錄二】

中西譯詞對照

A

A. Jaffè 亞菲
Abraham A. Roback 羅貝克
Abtala Jurain 猶蘭
Aesculapian 艾斯庫累普
age of Antichrist 反基督時代
Albert Oeri 阿伯特・奧瑞
Albertus Magnus 大阿爾伯特
Albigenses 阿爾比派
Allgemeine Ärztliche Gesellschaft für Psychotherapie 心理治療醫學總會
Ania Dorfmann 安妮雅・朵夫曼
anima 阿尼瑪
Anthony Eden 安東尼・艾登
arcane substance 奧祕物質
archetype 原型
archetype per se 原型本身
Ariadne 阿里阿德涅
Arnold Toynbe 阿諾德・湯恩比
Aryan 雅利安人
Ascona 阿斯科納
Augusta 奧古斯塔
autonomous complex 自主情結
axial system of a crystal 水晶軸向系統

B

Bad Nauheim 巴德瑙海姆
Baldwin 鮑德溫
Balzac 巴爾紮克
Breuer 布羅伊爾
British Society for Psychical Research 英國心理研究學會
Burgholzli Clinic 伯格霍茲里診所

C

C. A. E. Moberly 莫伯里
C. A. Meier 邁爾
C. Baudouin 鮑德溫
C. F. von Weizsacker 馮・魏茨澤克
Carl Zuckmayer 卡爾・楚克邁耶
Cary F. Baynes 凱利・貝恩斯
Casa Gabriell 加布里埃爾別墅
Casa Semiramis 塞米勒斯米斯別墅
Cathars 卡特里派
Celia Green 格林
Cf. Rhine 萊恩
Charlotte von Konbloch 夏洛蒂・馮・克諾布洛赫
Chateau d'Oex 厄堡
Ciano 齊亞諾
circulation of the light 迴光
complex psychology 情結心理學
coniunctio 合體
Conrad Waldkrich 維德克裡希
Crookes 克羅克斯

D

D. Ilse 艾爾斯
daimon 代蒙
Darmstadt meetings of the School of Wisdom 智慧學院的達馬達會議
differentiation 分化
Dubendorf 杜本道夫
Duke 杜克

E

E. A. Bennet 愛德華・貝納特
E. F. Goerwitz 戈威茲
E. F. Horine 霍倫
E. F. Jourdain 佐丹
E. Olivier 奧利佛
Einsiedeln 艾因西倫德
Emilie Jung 艾米麗・榮格
Emma Tauschenbach 艾瑪・勞珍巴克
Eranos 艾瑞諾斯
Erich Neumann 埃里希・諾伊曼
Ernest Harms 歐尼斯特・哈姆斯

Ernest Jones 歐尼斯特・瓊斯
Ernst Kretschmer 恩斯特・克雷奇默
Esther Harding 哈丁
Eugen Bleuler 尤金・布雷勒
excessus affectus 過度影響
exteriorized 外化
extrasensory perceptions 超感知覺

F

Faber 法伯爾
Fanny Moser 范妮・莫瑟
Felix Boehm 菲力克斯・伯姆
filius macrocosmi 宇宙神
Frank Podmor 波德莫爾
Franz Rosenzweig 羅森茨威格
Frederic Myers 梅爾
Friederike Brion 弗里德里柯・布里翁
Fritz Blanke 弗雷茲・布蘭科

G

Geoffrey Dawson 傑佛瑞・道森
Georg Gerster 格斯特
Georges Duplain 杜普蘭
Gerard Dorn 傑拉德・多恩
Gerhard Adler 格哈德・阿德勒
Gershom Scholem 修勒姆
Gioacchino da Fiore 菲奧雷的約阿基姆
Godwin "Peter" Baynes 古德溫・彼得・貝恩斯
Goebbels 戈培爾
Goldsmith 戈德史密斯
Gordon Young 揚
Gottlieb Duttweiler 杜特韋勒爾
Gustav Bally 古斯塔夫・貝利

H

H. G. Baynes 貝恩斯
H. Leisegang 雷瑟岡
Hans-Eduard Fierz-David 費爾斯-大衛
Hasidism 哈西德主義
Henderson 韓德森
Herbert Silberer 西爾伯勒
Hermann Muller 赫爾曼・穆勒
Hieronymus Bosch 耶羅尼米斯・波希

M.-L. von Franz 馮・法蘭茲
magical causality 魔法因果律
majesty 至尊
Martin Buber 布伯
Martin Heidegger 海德格
Max Knoll 馬克斯・諾爾
Melchior Cibinensis 希畢南西斯
Mercurius 墨丘利
Michael Sendivogius 森迪沃久斯
Miltonic 密爾頓式
Mircea Eliade 伊利亞德
Mombassa 蒙巴薩
Monte Verita, Ascona 阿斯科納真理山
Moscia 摩西亞
mysterium coniumctionis 神祕合體

N

Nairobi 奈洛比
Nandor Fodor 南多・福多
Nicodemus 尼哥底母
nigredo 黑化
Niklaus von der Flüe 聖尼古拉斯
Nous 努斯，精神
Numen 守護神
numinosity 顯靈／聖靈／神性的光芒／神性

O

O. Bruel 布魯爾
occult 玄學
Olga Fröbe-Kapteyn 佛洛比女士
opus 工作／作品
out-of-the-body-experiences 出體經驗
Owler McCormick 奧勒・麥科密克

P

Paracelsist 帕拉塞爾蘇斯主義者
Paracelsus 帕拉塞爾蘇斯
parapsychic 靈異
Paul and Mary Mellon 保羅和瑪麗・梅隆
Paul Eitingon 保羅・愛廷根
Pegasus 珀加索斯
Peter de Mendelssohn 彼得・德・孟德爾松
Physis 費西斯，物質

R

S

spirit of the times 時代之靈
Stewart Edward White 史都華·愛德華·懷特
subatomic 亞原子
subtle body 精微體
Swedenborg 史威登堡
synchronistic 共時
synchronicity 共時性
synchronous 同步
synchronism 同步性
Synesius 修斯
tam ethice quam physice 即心即物

T

Terry Lectures 泰瑞講座
Tessin 提契諾
the Great Mother 大母神
Theresienstadt 特來西恩施塔特
Thomas Aquinas 多瑪斯·阿奎那
Thomas Mann 湯瑪斯·曼
Toni Wolff 托尼·沃爾夫
transcerebral 超大腦
transference 移情

U

underworld 地下世界
unio mystica 化學婚禮
unity 統一體
unus mundus 一元世界

V

Van Sittart 凡·斯塔特

W

W. Cimbal 星波爾
W. W. Odajnyk 歐丹克
Waldenses 瓦勒度派
wholeness 整體性
Wolfgang Pauli 沃夫岡·包立

Z

Zollner 措爾納

榮格的最後歲月：心靈煉金之旅

From the Life and Work of C.G. Jung

安妮拉・亞菲Aniela Jaffé──著

王一梁、李毓──譯

出版者—心靈工坊文化事業股份有限公司
發行人—王浩威　總編輯—王桂花
執行編輯—趙士尊　特約編輯—鄭秀娟
封面設計—羅文岑　內頁排版—龍虎電腦排版股份有限公司
通訊地址—10684台北市大安區信義路四段53巷8號2樓
郵政劃撥—19546215　戶名—心靈工坊文化事業股份有限公司
電話—02）2702-9186　傳真—02）2702-9286
Email—service@psygarden.com.tw　網址—www.psygarden.com.tw

製版・印刷—彩峰造藝印像股份有限公司
總經銷—大和書報圖書股份有限公司
電話—02）8990-2588　傳真—02）2990-1658
通訊地址—248新北市新莊區五工五路二號
初版一刷—2020年7月　ISBN—978-986-357-185-8　定價—460元

國家圖書館出版品預行編目(CIP)資料

榮格的最後歲月：心靈煉金之旅 / 安妮拉.亞菲(Aniela Jaffé)著；王一梁, 李毓譯. -- 初版
-- 臺北市：心靈工坊文化, 2020.07
面；　公分
譯自：From the life and work of C.G.Jung.
ISBN 978-986-357-185-8(平裝)

1.榮格(Jung, C. G. (Carl Gustav), 1875-1961)　2.學術思想　3.分析心理學

170.181　　109009855

心靈工坊 PsyGarden

書香家族 讀友卡

感謝您購買心靈工坊的叢書，爲了加強對您的服務，請您詳填本卡，
直接投入郵筒（免貼郵票）或傳眞，我們會珍視您的意見，
並提供您最新的活動訊息，共同以書會友，追求身心靈的創意與成長。

書系編號—PA 024　　書名—榮格的最後歲月：心靈煉金之旅

姓名　　是否已加入書香家族？ □是 □現在加入

電話 (O)　　(H)　　手機

E-mail　　生日　　年　　月　　日

地址 □□□

服務機構　　職稱

您的性別—□1.女 □2.男 □3.其他

婚姻狀況—□1.未婚 □2.已婚 □3.離婚 □4.不婚 □5.同志 □6.喪偶 □7.分居

請問您如何得知這本書？

□1.書店 □2.報章雜誌 □3.廣播電視 □4.親友推介 □5.心靈工坊書訊
□6.廣告DM □7.心靈工坊網站 □8.其他網路媒體 □9.其他

您購買本書的方式？

□1.書店 □2.劃撥郵購 □3.團體訂購 □4.網路訂購 □5.其他

您對本書的意見？

□ 封面設計　1.須再改進 2.尚可 3.滿意 4.非常滿意
□ 版面編排　1.須再改進 2.尚可 3.滿意 4.非常滿意
□ 內容　1.須再改進 2.尚可 3.滿意 4.非常滿意
□ 文筆／翻譯　1.須再改進 2.尚可 3.滿意 4.非常滿意
□ 價格　1.須再改進 2.尚可 3.滿意 4.非常滿意

您對我們有何建議？

□本人同意＿＿＿＿＿＿（請簽名）提供（真實姓名/E-mail/地址/電話/年齡/等資料），以作為心靈工坊（聯絡/寄貨/加入會員/行銷/會員折扣/等之用，詳細內容請參閱http://shop.psygarden.com.tw/member_register.asp。

廣告回信
台北郵政登記證
台北廣字第1143號
免貼郵票

心靈工坊 PsyGarden

10684台北市信義路四段53巷8號2樓

讀者服務組 收

免貼郵票

（對折線）

加入心靈工坊書香家族會員
共享知識的盛宴，成長的喜悅

請寄回這張回函卡（免貼郵票），
您就成爲心靈工坊的書香家族會員，您將可以——

⊙隨時收到新書出版和活動訊息

⊙獲得各項回饋和優惠方案